U0936817

中华优秀传统文化

2023增订版

齐鲁文化读本

主 编 冯小红 锡娟娟

中国人民大学出版社

·北京·

图书在版编目（CIP）数据

齐鲁文化读本/冯小红，锡娟娟主编 .--北京：中国人民大学出版社，2018. 8
ISBN 978-7-300-25872-0

Ⅰ. ①齐…　Ⅱ. ①冯…　②锡…　Ⅲ. ①文化史—山东　Ⅳ. ①K295. 2

中国版本图书馆 CIP 数据核字（2018）第 124006 号

齐鲁文化读本
主　编　冯小红　锡娟娟
Qilu Wenhua Duben

出版发行	中国人民大学出版社		
社　　址	北京中关村大街 31 号	邮政编码	100080
电　　话	010—62511242（总编室）		010—62511770（质管部）
	010—82501766（邮购部）		010—62514148（门市部）
	010—62515195（发行公司）		010—62515275（盗版举报）
网　　址	http://www. crup. com. cn		
经　　销	新华书店		
印　　刷	涿州市星河印刷有限公司		
开　　本	787 mm×1092 mm　1/16	版　　次	2018 年 8 月第 1 版
印　　张	10. 75	印　　次	2024 年 2 月第 10 次印刷
字　　数	176 000	定　　价	45. 00 元

版权所有　侵权必究　　印装差错　负责调换

编 委 会

总策划： 王敬良

主　编： 冯小红　　锡娟娟

副主编： 郭素森　　张庆会

委　员： 宋志刚　　王春艳　　刘甜甜　　邢庆亮
张　政　　李晓文　　王小妮　　段恩会
解嘉瑶　　刘雅楠　　周玉洁　　袁亚琦
陈竞竞　　郝晓东　　乐　坤

齐鲁青未了

深入挖掘中华优秀传统文化蕴含的思想观念、人文精神、道德规范，结合时代要求继承创新，让中华文化展现出永久魅力和时代风采。

——习近平

党的十八大以来，优秀传统文化在经济建设和社会发展中的作用受到社会各界的普遍重视，各级各类学校从文化育人的高度都在对优秀传统文化的传播教育机制进行探索培育，并力求有所突破。2014年12月，山东海事职业学院思政教学部牵头，协同其他部门共同努力，在众多院校竞争中拿下山东省重点课改项目“高职院校齐鲁文化‘一导二研三元八融’策略的创新与实践”，实现了我院科研工作的新突破。

习近平总书记在二十大报告中指出：中华优秀传统文化是中华民族的根和魂，是中国特色社会主义植根的文化沃土。只有把马克思主义基本原理同中国具体实际相结合、同中华优秀传统文化相结合，才能始终保持马克思主义的蓬勃生机和旺盛活力。项目组人员在研究过程中，查阅了大量关于齐鲁文化的书籍资料，结合齐鲁文化在全省高职院校教育教学中的地位和作用，他们认为很有必要结合该课改项目的研究和实践，编写一本适合高职学生的齐鲁文化通识教材，将中国特色社会主义文化与中华优秀传统文化有机融合，进而实现思政教育深入人心，实现中华优秀传统文化的发扬光大。项目组是一个年轻的团队，本着锻炼队伍、推动科研的目的，学校鼓励并从人力、物力、财力等方面，支持他们按照高的要求和标准全力编写教材。

三年后，当看到他们呕心沥血研究编写的稿件作为成果出现的时候，我的确感到惊喜。经了解，在研究成果成书之前，项目组人员已经印刷过两个版次在不同年级不同专业的学生中试用，根据学生的意见修改过上百次，并经同类兄弟高校老师同学指导批评，最终定稿。

这本书根据高职学生的学习特质，逻辑结构科学、文字表述简明、图片精美大气、版式设计新颖，这一切为读者打造了一个优美的阅读氛围，进而启迪心智、陶冶情操，提高文化素养，同时也在诉说着这个年轻研究团队的砥砺前行与成长。这本书是对齐鲁文化研究的一次有益探索，希望它的内容能够帮助同学们对齐鲁大地的历史、遗迹、人物、风俗等文化有所了解，推动对齐鲁文化的研究和传承，以达文化育人之目的。

王敬良

2018 年 6 月

前言

教材、教师、学生是教学质量生成的三种基本要素，其中教材是教师教和学生学的主要凭借，因此教材质量的好坏是关乎课程教学效果的重要因素。

2021年7月，习近平总书记在庆祝中国共产党成立100周年大会上明确提出：坚持把马克思主义基本原理同中国具体实际相结合、同中华优秀传统文化相结合。习近平总书记是创造性运用优秀传统文化的典范，结合时代要求提炼概括出许多重大创新理念和思想。一直以来，山东海事职业学院潜心于齐鲁文化的阐释、推广和普及工作，从编写校本讲义到编撰教材，从将优秀传统文化作为选修课到在全校普及作为必修课，将理论研究与教学实践紧密结合，形成一套高职院校传统文化教育的经验。以马克思主义学院牵头，积极探讨中国优秀传统文化与思想政治理论课的融合，给予高校思想政治理论课以优秀传统文化的支撑，提高思政课的授课效果。

教学是科研的“隐形动力”，科研是教学的“源头活水”，两者相生相长。2014年12月，山东海事职业学院有幸承接高校思想政治理论课省级课改项目“高职院校齐鲁文化‘一导二研三元八融’策略的创新与实践”。2019年3月，团队成员在课程研发和开设的基础上，主持立项山东省教改项目《基于齐鲁工匠培育的高职院校〈齐鲁文化〉课程建设研究》。团队成员在与驻潍高职院校思政教学部沟通交流后，一致认为编写一本适合高职院校的文化读本势在必行。

本书是一本“知识性”的通识读本，以高职学生的学习特点为基础，通俗易懂。以人物故事为逻辑思路，寓教于乐，寓学于趣。

马克思主义学院老师全力倾心修改，撰成本稿，力求达到教学的有效性和学生文化素养丰富性的完美结合，但由于编写水平有限，难免会有不当之处，敬请各位专家、同仁和读者在使用中多提出宝贵意见。

目 录

齐鲁史话

齐鲁文化，顾名思义，就是齐文化和鲁文化的统称，即西周时期齐、鲁两国封邦建国以来两千七百多年时间里所产生的一切文明成果，初封诸侯国的约800年时间里齐、鲁两国是齐鲁文化的沃土，在齐鲁文化发展史上有重要地位。具体来讲，齐文化是以姜太公为代表的道家思想学说吸收当地土著文化加以发展而成的；而鲁文化则是以孔子为代表的儒家思想学说发展而来的。两种古老文化各有特色，齐文化崇尚功利，而鲁文化则偏重伦理；齐文化宣扬革新，而鲁文化则喜好传统。两种文化在后来的发展中逐渐有机地融合在一起，形成了具有丰富历史韵味的齐鲁文化。

在二十大报告中，习近平总书记强调全面建设社会主义现代化国家，必须坚持中国特色社会主义文化发展道路，增强文化自信，围绕举旗帜、聚民心、育新人、兴文化、展形象建设社会主义文化强国，发展面向现代化、面向世界、面向未来的，民族的、科学的、大众的社会主义文化，激发全民族文化创新创造活力，增强实现中华民族伟大复兴的精神力量。通过学习本章，相信你将对齐鲁文化的开端有一个基本了解，其前奏和曙光是东夷文化时期，此后随着历史的发展，逐步形成了“礼乐文化”“礼仪文化”为根本特征的齐鲁文化。齐鲁文化是中国传统文化和中华民族精神的重要源头，在重视传统文化和建设社会主义核心价值观的今天，更要充分挖掘齐鲁文化的当代价值。

第一节　齐鲁文明的前奏

从距今8 000多年前至西周中期，这一时期在齐鲁之地又被称为“东夷文化时期”。之所以被称为“东夷文化”，是因为古代文献将史前齐鲁居民称为“东夷”。

一、东夷文化时期

“东夷文化”又称“海岱文化”，有人称其为齐鲁文明的前奏或者前期文明。海岱文化是在以渤海、黄海、泰山（岱）、淮河下游（故道）为显著标志的海岱区内发展起来的一支源远流长、自成系统的古代文化。

东夷文化的发展可以分为5个时期，首先是距今8 500年的后李文化时期，迄今所知，最早的农业文化就是分布于鲁北部分地区的后李文化，此时已有了稀疏的、小型的定居聚落，开始了初步的种植、养殖，会制作简单的生产、生活用具。

其次是距今7 400年的北辛文化时期，以鲁中南为基地，吸收了后李文化的一些因素发展而成，逐渐向南分布到江苏淮北，向北分布到鲁北，在社会发展方面有了较大的进步，在这个时期海岱社会已经从蒙昧时代过渡到了野蛮时代，人们定居下来，有了一部分剩余资源。再次是距今6 500年的大汶口文化时期，大汶口文化以公元前3500年为大致界限，分为前、后两期，根据出土的一些大型公共墓地来看，大汶口文化前期，人类定居的大型聚落出现，农业发展较快，还出现了一些装饰器具，但是根据墓地随葬品来看，呈现了多寡、优劣的差别，说明社会成员之间已经形成了贫富分化；在大汶口文化后期，海岱文化已发展到了野蛮时代的鼎盛期，社会形态出于蜕变与动荡之中，经济、社会、文化等领域有了较大的进步，阶级也产生了。

再次是距今4 500年的龙山文化时期，海岱社会进入文明时代，随着大汶口文化后期的激烈斗争，社会上出现了强权，即王权与秩序，国家产生了，这个时期，出现了最早的“城邦式”国家——“古国”，出现了原始文字，物质文明成果显著，维系等级制度的“礼”日趋制度化。

最后是距今3 900年的岳石文化时期，因为前一个时期里古国兼并的结果，在岳石文化时期出现了一些较大的“方国”，此时城防技术大有进步，战争中已经使用了青铜武器，骨卜相当流行。差不多与岳石文化同时或是稍早，中原地区崛起了中国历史上出现了第一个家天下的夏王朝，先秦文献中对此有关的记述中证明了这一点，我们也可以把岳石文化称为夏代东夷文化。

约在公元前1600年前，商王朝在中原崛起，在商王朝的中、后期，多次举王朝之力大举东进，不断征伐，夷人国族不断抗争，整个海岱地区不同程度上受到商文化的影响浸润，不可逆转地开始汇入了夷夏融合的历史巨流。

约在公元前1046年，周王朝代商而行，封邦建国，成王早期，周公、召公进行东征，对反周的海岱中坚国族进行了征讨，同时对归顺周

王朝的东方诸国予以承认，逐渐形成了东土方国文化为基础，以齐、鲁为核心，以周王朝文治武功为主导，具有多元特色的齐鲁文化圈。东夷文化的发展进入齐鲁文明时代。

二、东夷及其历史

齐鲁土著先民，史称“东夷”，即“东方之人”。中国的东方很广，北起黑龙江之东北角，南至南海沿岸，光海岸线就近 3 万千米。在这片广大地域中，从江淮沿海，经山东、辽东半岛，直抵松花江以东地区，都是东夷范围。但山东是其老根、大本营，分布四方各地者，皆源自山东，为东夷支系。东夷是一个很大的族团，包括许多氏族部落和部落联盟。《后汉书·东夷传》说：“夷有九种，曰畎于夷、方夷、黄夷、白夷、赤夷、玄夷、风夷、阳夷。”

据史前考古发掘，齐鲁土著历史悠久，虽不能够追溯到人类起源的最早年代，但在距今四五十万年的旧石器时代，已留下了人类活动的遗迹。东夷人作为较为稳定的族团，以齐鲁为中心地带，延续几十万年，至新石器时代终于发展到了它的顶点。夏、商时代，由于夏王朝和商王朝的统治讨伐，其文化发展受到影响，齐鲁西部被征服区的夷人被夏、商同化，只有东部夷人仍在艰难地保持着独立发展，但其黄金时代已一去不复返。无论是地下发掘还是文献记载都可证明，夏、商时期，东夷已被压缩到了东部的胶东半岛，但始终没有被完全征服，这一状况一直持续到春秋时期，东夷才真正融合于中华民族大家庭。

三、东夷文化后世纪念

山东青州市曾经是东夷文化活跃地区，如今青州市政府为此专门建设了东夷文化标志园。东夷文化标志园总面积 28 万平方米，园内共分 12 个功能区，主要包括主题雕塑区、东夷分布图、东夷文字展示区、历史神话浮雕区、演艺区、24 官职图腾展示区、东夷文明体验区（含陶艺园、耕织酿酒园区、狩猎园区、太昊伏羲八卦图、鱼乐园）等。东夷文化标志园集中展示了东夷文化遗物，将东夷的先民们创造出的优秀文化用浅显易懂的形式表示出来，传播和普及了东夷文化知识。

第二节　齐鲁文化的内容与特点

在夏、商东土方国文化的基础上，凭借天时、地利、人和等若干优势，使西周时期形成的在齐文化和鲁文化的基础上逐步融合而成的齐鲁文明在春秋时期走向繁荣，并形成了“礼乐文化”“礼仪文化”的根本特征。

一、尚功利、求革新的齐文化

齐文化由姜太公开创。《吕氏春秋》云：“吕太公望封于齐，周公旦封于鲁。二君者甚相善也，相谓曰：何以治国？太公望曰：尊贤上（尚）功。周公旦曰：亲亲上恩。”可见，两者治国的基本理念不同，而太公望“尊贤尚功”的文化思想路线确定了齐文化的发展方向。

齐文化的进一步确立在齐桓公称霸时期。齐桓公切实实行了选贤任能的治国方略，尤其是通过管仲改革，使国力大为增强，并率先成为春秋霸主，显示了齐文化的个性与魅力。可以说，齐文化在这个时候才具备了成就霸业的文化自觉，从一般的尊贤尚功走向了霸主文化。据《管子·大匡》记载，齐桓公治国的定位本来仅限于社稷可定，而管仲却能从春秋时期周室衰微、诸侯并起的大局出发，敏锐地意识到桓公目光的局限并明确地提出了“君霸王，社稷定；君不霸王，社稷不定”的主张，从而辅佐桓公逐步走上争霸之路，最终成就了“九合诸侯，一匡天下”的霸业。管仲这一主张的提出，从根本上可以说是时代大势使然，也体现了齐文化的最高本质。

齐桓公之后，尽管齐国逐步走向没落，但霸主文化意识却在统治者的心目中牢牢地扎下了根，以至于即使是最无所作为的灵公、景公也对此念念不忘。《晏子春秋内篇·谏上》就记载了晏子以此劝谏齐景公的话：“昔先君桓公，方任贤而赞德之时，亡国恃以存，危国仰以安。是以民乐其政，而世高其德；行远征暴，劳者不疾；驱海内使朝天子，而诸侯不怨。”《晏子春秋》中这类言论颇多，可证明即使在春秋末期姜齐败亡之际，齐文化依然保持了争霸文化的基本特征，而晏婴则称得上深得齐文化精髓的杰出人物。

到了战国时期，田氏取代姜氏。鉴于自身并不具备像姜氏那样的正统宗法优势，田齐统治者也更加懂得：要成就王霸之业，必须最大限度地开阔思路，无条件地广泛招揽人才。稷下学宫是战国时期百家争鸣的策源地和最好论坛。就其文化意义而言，它是使齐国重新跻身强国之林的强大基石和最好标志。

综上可知，齐文化传统内涵的核心是追求霸业，也正因为此，齐文化讲究富国强兵、发展经济、因俗简礼，讲究招揽人才、开放言论、不拘一格，特点十分鲜明。

二、重仁义、尚伦理的鲁文化

与姜太公同时受封的周公旦是鲁文化的开创者。《史记·鲁周公世家》载："周公旦者，周武王弟也。自文王在时，旦为子孝，笃仁，异于群子。及武王即位，旦常辅翼武王，用事居多。"司马迁的记述非常到位地点明了周公旦与周王室属于同一血统，而且非常看重这一血统；正是这一点决定了周公旦立国的文化思想路线是"亲亲上恩"，也决定了鲁文化的走向。

"亲亲上恩"是一种比较保守的文化思想路线，因而不会鼓励解放思想，更难以人才辈出。所以，鲁君中很少有较大作为者。这样，鲁文化也就主要依赖理论形态予以归纳，直到春秋晚期才由孔子将其提升为儒学。《史记·孔子世家》云"孔子贫且贱"，依照宗法血缘关系，也许本不该由他担当在学术理论上总结"亲亲上恩"文化传统的责任。但是，他却偏偏自幼酷爱周礼，以致深感当时礼崩乐坏之亟待挽救，便当仁不让地把一生献给了"克己复礼"的大业。故完全可以说是"亲亲上恩"的鲁文化启发了孔子，而孔子也成就了"亲亲上恩"的鲁文化。孔子对鲁文化的形成所做出的主要贡献在于：建立了以仁为核心、以礼为构架的文化理论思想体系。概言之，就是以"君君、臣臣、父父、子子"为纲，统摄起了以"忠信""孝悌""礼义""智勇""廉耻"等为主要范畴的一系列道德规定。

在孔子之后，儒家可谓后继有人、著述迭出，相继出现曾参的《大学》、子思的《中庸》、孟轲的《孟子》。这些儒家经典继承并发展了孔子的文化思想，后人将之与《论语》并称为"四书"。发展至此，鲁文化作为一个系统，堪称完备。

由此可见，鲁文化的代表人物有周公旦、鲁公伯禽、孔子、孟子，体现于儒家"四书"等文化典籍；鲁文化的核心内涵是礼与仁，以讲究人伦纲常、讲究宗法秩序、讲究稳定为基本特征。

上述分析足以表明，齐文化与鲁文化是文化基础、文化思想、文化取向截然不同的两种文化。那么，两者又是怎样结合起来，成为齐鲁文化的呢？

三、齐鲁文化的形成及根本特征

（一）齐鲁文化的形成

齐鲁文化不是两种文化的简单相加，而是两者的融会贯通。

战国时期，以孟子二度游学于齐为契机，齐文化与鲁文化开始融合。孟子在齐国居住长达十几年，他的学术思想受到了齐学的熏陶。荀子在齐、鲁文化合流中也起到了关键作用。荀子精研儒学的同时兼顾齐学，既用齐学丰富和完善了自己的儒学思想，又通过学术交流，把他的儒学思想在齐国文士阶层传播开来。在此背景下，齐文化和鲁文化走向融合，共同构筑了齐鲁文化。

（二）齐鲁文化的根本特征

总体而言，齐鲁文化的根本特征可用“礼乐文化”“礼仪文化”来概括。

1. 王政与霸道对立统一的政治思想

道，即以仁义为内核、以礼乐为形式的“王政”或者“王道”，是孔子理想中的社会政治模式。齐鲁两国由于治国理念、文化传承和经济发展水平的不同，在“道”的文化取向上也呈现出不同的特色。刘向《说苑·政理篇》曰：齐“尊贤，先疏后亲，先义后仁也，此霸者之迹也”；鲁“亲亲，先内后外，先仁后义也，此王者之迹也”。“故鲁有王迹者仁厚也，齐有霸迹者武政也”。意思是说，齐、鲁两国在讲仁讲义讲亲亲讲尊贤的根本问题上是一致的，只是内外先后之别而导致了不同的结果，即鲁国的王者之迹和齐国的霸业武功。齐国成就了霸者之业，但并未脱离王道、王政的规范，其霸业武功（包括其文化）实属“王道”“王政”不可或缺的一部分，只需进一步采用鲁国的政治理念和礼乐规范，即可达到理想境界。鲁国虽有“王者之迹”（即周礼），但缺少齐国的尊贤尚功，因此也未能成就霸业，达到孔子所理想的“王政”“王道”。可见，代表齐文化的“霸道”与代表鲁文化的“王政”，二者既是矛盾、对立的，又是内在统一、相互依存的。正如孔子所云：“齐一变至于鲁，鲁一变至于道。”（《论语·雍也》）到了汉代，齐鲁文化合流，王霸之道同时被汉代制度吸收兼容，则从实践上为齐鲁文化可以整合为一个有着内在关联的文化体系做出了佐证。

2. 同归于正——互融互补的本质特征

春秋乱世，齐鲁两国思想家百家争鸣，各抒己见，其根本出发点是一致的，这就是实现国家的统一、政治的清明、社会的发展和人民的安居乐业。司马迁评论六家要旨时指出：“易大传：天下一致而百虑，同归而殊途。夫阴阳、儒、墨、名、法、道德，此务为治者也，直所从言之异路，有省不省耳。”（《史记·太史公自序》）索隐案：“六家同归于正，然所从之道殊途。”这就是说，六家理论虽然各成一派，纷争不已，但都是经世治国之说。合六家之长，去六家之短，就可以形成一个完整的治国之道。其中一句“务为治者也”，既准确地揭示出诸子百家学说契合社会现实、服务社会现实的本质特征，同时也揭示出齐鲁文化“一致而百虑，同归而殊途”“同归于正”的发展走向和演变规律。因此，不论齐鲁文化中各家各派的思想理论存在多么大的差异，其实都是在经世致用的大目标下相辅相成，共存于同一个文化体系之中，并成为汉代

大一统社会政治理论的有机组成部分。

第三节　齐鲁文化的传承与弘扬

齐鲁文化视角下对传统文化的保护、开发、利用以及传承与教育是一个系统工程。我们认为，齐鲁文化的特质与中国特色的社会主义核心价值观的建设要求相契合，齐鲁文化的形成发展过程对社会主义核心价值观建设具有重要的方略启示，齐鲁文化的思想内容是培育社会主义核心价值观的丰厚滋养。因此，社会主义核心价值观的建设，必须充分重视对齐鲁文化资源的开发利用，促进齐鲁文化的现代转型。

一、齐鲁文化的当代价值和传承

（一）当前齐鲁文化传承保护工作取得的主要成就

齐鲁文化是中国传统文化极其重要的组成部分。齐鲁文化虽然不能等同于中国传统文化，但它是中国传统文化之精华。齐鲁文化不仅仅指鲁文化和齐商文化中的观念文化，也涵盖着历史文物，诸如器物、艺术品、古建筑、服饰等文化，此外还包含相应的制度文化以及显示出齐鲁文化特色的民族风俗、习惯和节日等。当前齐鲁文化传承工作取得的主要成就可概括为如下三个方面。

1.《山东省文物保护条例》为文物古迹的保护和开发利用提供了法律依据

2010 年 9 月 29 日，山东省政府颁布《山东省文物保护条例》，并于 12 月 1 日正式实施。该条例分为七章，第一章“总则”明确了县以上各级政府负责本行政区域内的文物保护工作，所需经费列入本级财政预算，第二至五章分别对不可移动文物、考古发掘、馆藏文物、民间收藏文物的使用和保护作了详细的规定，第六章对违反本条例规定的行为制定了相应的处罚措施，第七章“附则”对本条例所称大遗址以及涉案文物的鉴定做出了说明。毫无疑问，此条例的颁布与完善为山东文物古迹的保护和开发利用提供了有效的法律依据。

2.《山东文献集成》的出版发行为齐鲁文化研究提供了系统的古籍资料

2010 年 10 月，山东省政府特批重大文化工程、山东省原省长韩寓群任主编、山东大学文史哲研究院组织编撰完成的《山东文献集成》，由山东大学出版社出版发行。这套书共四辑 200 册，影印山东先贤遗著稿本、钞本、刻本等1 375种，同时也兼顾了山东文化名人的著作。该丛书规模空前，弥补了山东没有代表性地方文献丛书的缺憾，既是山东文献整理的里程碑，也是全国古籍整理界的典范。此套文献的出版发行，为齐鲁文化研究提供了系统的古籍资料。

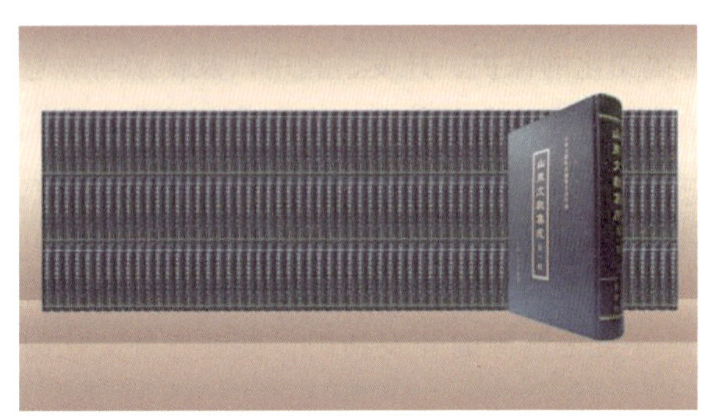

3. 丰富多彩的宣传形式成为齐鲁文化普及的重要推手

20 世纪 80 年代后期，学术界先后有三套大型系列丛书出版发行。第一套丛书是由山东省委原副书记王修智主编的“齐鲁历史文化丛书”，选取齐鲁文化发展史上 100 个重要的视点进行现代视角的阐发。第二套丛书是中国孔子基金会推出的由梁国典主编的儒家文化大众读本 9 部，涉及儒家的教育文化、法文化、生态文化、伦理文化、孝悌文化、政治文化、礼乐文化、商文化以及儒家文化对世界的影响。这套丛书把对孔子及儒家的研究转向当下日常生活，从生活中体悟儒家之道，使孔子思想“飞入寻常百姓家”。第三套丛书是山东师范大学齐鲁文化研究院教授王志民主编的“山东文化世家研究书系”，选取山东历史上在各个领域具有代表性的 28 个文化家族，每家写成一书。此书系侧重文学世家，揭示代表人物成长规律，注重对文化世家婚姻、交游等社会关系的论述，探索家族文化形成的时代背景和地域特色。

除上述三套大型齐鲁传统文化丛书外，还有相关的研究机构、各种社会团体及众多学者以电影、舞剧、动画、文化讲座等形式，参与推动着齐鲁文化的普及工作。这些普及工作仅仅是初步的，还需动员社会各界从更广泛的视角做好对传统文化的践行和普及工作。

（二）齐鲁文化可传承的资源

齐鲁文化是一个完整的文化体系。齐文化、鲁文化既是两朵风格迥异的文化奇葩，在更深层次上又是从同一条母根上孕育成长起来的相似相通的同一文化体系。从现代视角解读和传承齐鲁文化的资源意义，主要体现在治国理念、制度文化结构、价值追求和民众期望值四个层面上。

1. 治国理念：齐国君主推崇“尊贤尚功”，鲁国君主崇尚“亲亲尚恩”

齐鲁两国国力差距悬殊，源于两者因血缘和地缘不同而采取的不同治国理念。齐文化呈现的是“霸道”，鲁文化呈现的是“王政”，孔子却从中看到二者发展演变的可能性。国家治理之道，如若不断展开道德功夫，强国之道可变至仁政之道。在此基础上若继续发挥仁政之道，便可迈向先王至圣之道。

2. 制度文化结构：齐制度文化呈现求变创新，鲁制度文化趋向稳定统一

从制度文化的结构看，齐制度文化的显著特点是求变创新，鲁制度文化则趋向稳定统一。从齐、鲁制度文化结构所呈现的突出特点来看，齐文化是以商强国，属于求变创新性和智者型文化。鲁文化适于单一农耕文化，属于守常性和仁者型文化。虽说鲁制度文化对于如何强国没有太大建树，但对维持社会的稳定和文化的统一所起的作用不容小视。这已被汉代以后千年的历史所证实，由此可见，齐鲁文化的互补性很强，二者不可或缺。

3. 价值追求：齐文化以“尚功”为价值取向，讲究重利讲信；鲁文化以“尚德”为价值取向，推崇重义轻利

齐文化以“尚功”为价值取向，在道德和利益的取舍上重利讲信。从治国理念和用人策略上看，齐国显然是“选贤尚功”，不讲究血缘和门第出身，从而涌现出一大批杰出人才。从推进社会发展目标上看，齐国经姜太公至齐桓公进行了多次改革，特别是管仲主持的经济改革，旨在通过发展工商业繁荣市场来推进国强民富。鲁文化以“尚德”为价值取向，在道德和利益的取舍上重义轻利。鲁国从周公旦、鲁公到孔子、孟子所创建的礼仪制度以及由此所形成的一套以道德为本位的理论体系，强调道德在整个社会生活中的主导作用。显然，齐文化是从人性自利角度立论，以“尚功”为价值取向，重利讲信。鲁文化从人性伦理亲情角度立论，以“尚德”为价值取向，重义轻利。由此看来，齐、鲁文化反映了人性的两面，二者互补，相得益彰。

4. 民众期望值：齐文化要求民富而后知礼，鲁文化要求内圣而后外王

在齐国，管仲从其四欲，即“民恶忧劳，我佚乐之；民恶贫贱，我富贵之；民恶危坠，我存安之；民恶灭绝，我生育之。……故知予之为取者，政之宝也”（《管子·牧民》）。也就是说：“民众厌恶劳苦忧劳，我就要使他们安逸快乐；民众厌恶贫困低贱，我就要使他们富足显贵；民众厌恶危险灾祸，我就要使他们生存安定；民众厌恶灭种绝后，我就要使他们生养繁衍。”因此他提出著名的格言：“仓廪实则知礼节，衣食足则知荣辱”。管仲主张通过发展工商业让国民富裕，然后再让国民知礼节，从而规范了国民的经济活动和道德行为。

鲁国文化传统的核心结构是内仁外礼，即内圣外王，这是古代儒家修身治国的最高理想，内里具有圣人的才德，对外施行王道。周公借鉴夏商二代的礼乐传统，制礼作乐、敬德保民，把夏商以来的思想重心从敬鬼神转向重人事。到春秋时期，虽然周室衰微，出现“礼崩乐坏”的局面，但鲁国却仍然保留了比较完整的周朝文化典籍和礼乐制度，成为当时实际上的周文化的中心区域。孔子、孟子深受周礼文化的浸染，从理论上对之进行总结并将其提升为儒学，提出以内仁外礼为核心内容的关于治国理政的一系列道德规范。

显然，齐文化让国民先富后礼。孔子在回答卫灵公“怎么治理卫国人口众多的问题”时，也有类似的回答——“富之，教之。”但如何让老百姓富起来，儒家没有太多的办法。鲁文化要国民修身养性，归仁守礼，恢复或重建内仁外礼的社会秩序。从齐鲁文化发展的最终目标来看，都是追求国强民安，二者殊途同归，体现互融互补的本质特征。

（三）齐鲁文化视角下传统文化现代教育的主要路径及相应职责

传统文化的普及、教育、传承不仅仅是学校之责，还要调动包括学校、家庭和社会各方面的资源，形成以学校教育为主体、家庭教育为基础、社会教育为延伸的三位一体的教育体系，并各有侧重、分工协作。具体来讲，学校教育侧重知识体系，家庭教育侧重日常行为习惯养成，社会大众传媒则侧重价值观的引导。

1. 学校教育：有序地推进传统文化的教育体系建设

山东省中小学校在全国率先推出传统文化教育地方课程，为在全国推行传统文化教育做了有益的探索，并积累了一定经验。2014 年 3 月，教育部印发《完善中华优秀传统文化教育指导纲要》，旨在通过国家情怀、社会关爱和人格修养三个层面的教育，培养青少年学生做有自信、懂自尊、能自强，高素养、讲文明、有爱心，知耻辱、守诚信、敢创新的中国人。

第一，充分挖掘齐鲁文化优势资源，搞好地方课程开发。山东是齐鲁文化的故乡，有着得天独厚的传统文化资源优势。各中小学校要结合本地传统文化教育资源，将优秀传统文化教育纳入学校课程体系，积极开发有地方特色的本校课程，丰富优秀传统文化教育的内容和形式，增强趣味性和有效性，确保中华传统文化教育的规范性、稳定性和长期性。

第二，经典诵读，知行合一。中华传统文化经典是中华民族五千年来积淀而成的中华文明之精髓、先贤智慧之结晶。中华民族核心价值观存在于两千年来传诵的《三字经》《论语》《孟子》《大学》《中庸》《老子》《易经》等经典篇章之中。国学经典教育作为延续了两千多年的、被实践证明是行之有效的人伦教育、修身教育、人格教育，培育了无数具有至大至刚人格的先哲先贤，以及爱国爱乡的中国人。关于传统文化经典的课程设置，前人已经有一套成熟的由易到难、由浅及深的体系安排。

第三，活动引领，营造氛围。当下大中小学中华优秀传统文化教育的普及，还需要通过举办各种丰富多彩的活动来实现。首先，要建立一批中华优秀传统文化示范学校，开展中华优秀传统文化教育成果展示、经验交流、评比等活动，带动中华优秀传统文化教育不断持续、深入展开。其次，要依据学生的兴趣爱好，组织学生通过社团活动——诗词、书法、戏曲等兴趣小组，学习、研究、践行中华优秀传统文化的相关内容，把中华优秀传统文化教育融入学生社团活动中，成为学生课余生活的重要组成部分。最后，还可以开展一系列主题活动，如中华经典诵读、传统文化知识竞赛、书画比赛等，以及传统节假日的主题教育活动和志愿者实践活动，通过参观、考察、实践等多种形式，引导学生塑造关乎传统美德的文化-心理结构，增强践行中华优秀传统美德的能力。

2. 家庭教育：趋向对子女日常行为习惯的教化

二十大报告中提出，我们要提高全社会文明程度，实施公民道德建设工程，弘扬中华传统美德，加强家庭家教家风建设，推动明大德、守公德、严私德，提高人民道德水准和文明素养，在全社会弘扬劳动精神、奋斗精神、奉献精神、创造精神、勤俭节约精神。

家庭，是每个人生理、心理成长及行为习惯养成的起点，其影响是终身的。父母是孩子的第一任老师，是启蒙教育的引路人，家庭教育是现代教育的三大支柱之一，而中国家庭教育在这方面有着显著的优势，中国家庭教育重视做人教育、伦理道德教育和言传身教。

第一，细化家庭传统文化教育，传承传统习俗礼仪。按照科学研究，0～10 岁年龄段为儿童德育智慧和德育习惯教育的最佳阶段，这一年龄段也恰恰是孩子与父母的家庭关系最紧密的时期。因此，重视孩子的德育智慧和德育习惯培养十分紧要，要明确规定家庭传统文化教育的目的、义务、内容、形式，突出传统文化伦理道德教育，把孝悌、亲和、报国作为家庭教育的重点，融入孩子日常生活学习之中，使孩子从小养成良好的生活学习习惯，并有意识地培养自立的生活能力，指导孩子亲自参与而不是代替或包办孩子所有的事情，让孩子在生活和游戏中学会珍惜亲情，关怀他人，懂得感恩，自立自强。对于中国优秀传统文化传承下来的习俗礼仪，家长应积极引导孩子参与活动，感受传统文化氛围。譬如，济南文庙每年大年初一举办的孔子祭奠礼、儿童开笔礼、成人礼等一系列活动，曲阜每年举办的孔子祭奠活动，以及端午节、中秋节等传统节假日的一些活动，家长和孩子可有选择性地参加，让身心浸染其中，对道德素养及人文情怀的培育都会起到极佳的效果。

第二，倡导父母言传身教，典型示范，营造亲子活动氛围。中国家庭教育重视父母的言传身教，但就传统文化教育而言，目前大多数家长因没有受到传统文化的系统教育，其缺失是不言而喻的。强调家长言传身教，首先要求家长补好传统文化这一课，起码要跟孩子一起诵读，感受经典。家长学习传统文化也应按照由易到难、循序渐进的原则，重在感受体悟。其次，注重言传身教的熏陶作用。家长是孩子成长过程中最好的人生导师，家长在日常生活中所表现出的孝敬父母、扶老携幼、友善邻里、感恩社会、乐观进取等言行，对子女无疑起着潜移默化的作用。最后，要注重家庭文化建设，家风家训是几代人文化的积累，体现着家庭中的人际关系、伦理观和价值观，世代相传，约束和规范家庭成员的一言一行。

第三，倡导家庭亲子活动，营造全社会亲子活动氛围。现代社会，父母大多都是双职工，子女教育乃至整个日常生活往往推给老人或者社会，无形中造成父母与子女关系的疏离。因此，有必要在社会中倡导“父母回家给孩子做饭，陪孩子吃饭”的活动，增进父母与孩子之间的亲情。另外，中小学家长委员会以及各级各类家长学校、家庭指导机构等要以各种校内外活动场所为依托，多举办各种公益亲子活动，为更多的家庭提供参与的机会。

3. 社会大众传媒：在传统文化的教育普及中积极彰显价值导向作用

社会大众传媒是现代教育三大媒介之一，青少年无时无刻不受到网络大众媒体的影响。社会各界要重视社会大众传播媒体的价值引导作用，弘扬中华优秀传统文化的民族精神，倡导社会主义核心价值观，关注个人修养的提升，与学校、家庭传统文化教育形成合力，共同提升中华民族文化软实力和国民素质。因此，社会大众媒体要着重在以下四个方面努力彰显其价值导向作用：

首先，重视网络平台的价值引导作用。现代社会，青少年接触最多也最频繁的是互联网，各级政府应加强对网络媒体的监管力度，打击各种非法和不良媒体，净化网络平台。其次，着重推出精品动画片。动画片是青少年的最爱，每个孩子的成长过程中总有那么几部津津乐道的动画片。因此，大力开发适合青少年成长特点的、有鲜明民族特色的动画片，歌颂真善美，贬斥假恶丑，力戒暴力倾向，对青少年的成长有着非常重要的作用。再次，彰显文化艺术传媒的宣传导向作用。大众文化艺术传媒在推广普及优秀传统文化的过程中，应把学校、家庭和社会三方力量凝聚在一起，形成强大的合力，在净化社会风气、醇化民风中发挥重要的导向作用。最后，发挥文化场馆、名胜古迹的育人作用。政府及社会各界应为社会大众提供更多博物馆、纪念馆、文化馆、图书馆、美术馆、音乐厅、剧院、故居旧址、名胜古迹等公益场所，让民众尽量少花钱或不花钱享受到优秀传统文化的熏陶。

总而言之，齐鲁文化视角下对传统文化的保护、开发利用、传承及教育是一个系统工程，对传统文化的有效保护和开发利用，是齐鲁文化现代传承和教育的基础，而有效地推行对传统文化的传承及教育，反过来又将会进一步提升对齐鲁文化资源的利用效率和开发价值，二者并举才是最佳战略选择。

二、齐鲁文化在社会主义核心价值观建设中的作用

齐鲁文化是中国传统文化和中华民族精神的重要源头之一，齐鲁文化的特质与社会主义核心价值观的建设要求相契合，因此社会主义核心价值观建设过程中必须充分重视对齐鲁文化资源的开发利用。齐鲁文化的形成、发展过程对社会主义核心价值观建设具有重要的方略启示，齐鲁文化的思想内容是培育社会主义核心价值观的丰厚滋养。促进齐鲁文化的现代转型，有效推进社会主义核心价值观建设，是一项重大文化课题。

二十大报告中指出，广泛践行社会主义核心价值观，弘扬以伟大建党精神为源头的中国共产党人精神谱系，深入开展社会主义核心价值观宣传教育，深化爱国主义、集体主义、社会主义教育，着力培养担当民族复兴大任的时代新人。繁荣发展文化事业和文化产业，坚持以人民为中心的创作导向，推出更多增强人民精神力量的优秀作品，健全现代公共文化服务体系，实施重大文化产业项目带动战略。增强中华文明传播力影响力，坚守中华文化立场，讲好中国故事、传播好中国声音，展现可信、可爱、可敬的中国形象，推动中华文化更好走向世界。中国传统文化是中华民族两千多年来不断继承和创新的文化集合。当今，我们正在建设的社会主义核心价值观，必应具有中国特色，根植于中国历史文

化土壤。那么，我们为什么要把齐鲁文化与社会主义核心价值观建设的关系作为一个重要问题来研究呢？归根到底，是因为齐鲁文化具有不同于其他地域文化的历史地位和作用。齐鲁文化既是中国传统文化的重要源头，也是中华民族精神的重要资源。齐鲁文化为中华文化的形成、发展提供了理论基础，建构了民族文化的基本精神和基本框架。齐鲁文化所积淀的极为丰富的历史文化和思想智慧资源，在当今世界不同形态的文化相互交流、冲突、选择、融通的时代背景下，奠定了构建社会主义核心价值观的坚固基石。构建当代中国核心价值观，必须充分考虑对齐鲁文化资源的开发利用。弘扬以齐鲁文化为精华的中华优秀传统文化，有助于促进社会主义先进文化的发展，并不断推进中国特色社会主义的建设。

（一）齐鲁文化的特质与社会主义核心价值观建设的要求相契合

齐鲁文化之所以在社会主义核心价值观建设中具有重要作用，是因为：一方面，齐鲁文化是一种具有积极进取、自强不息、以天下为己任等鲜明特点的文化，与我国当今的社会主义核心价值观建设的要求相契合；另一方面，与其他地域文化相比，齐鲁文化在中国文化大家庭中具有特殊地位。作为两千多年来最有影响的主流思想，儒家思想是在广泛汲取齐鲁文化滋养的基础上发展起来的，因而中国传统文化更多地打上了齐鲁文化的烙印。特别是汉武帝“罢黜百家，独尊儒术”以后，齐鲁文化实际上获得了在政治和文化上的支配地位，成为一种政治大一统背景下的官方文化，从而深深影响了中国人的文化心理。鉴于此，在建设中国特色社会主义文化的时代背景下，更好地发挥齐鲁文化的优势和作用，积极推进社会主义核心价值观建设，是一项意义重大的研究课题。

其一，齐鲁文化所蕴含的奋发进取、刚健有为、以人为本、经世安邦等文化品质和价值追求，契合当今中华民族伟大复兴的使命诉求。

其二，齐鲁文化是一种融合发展的文化，这种文化品质与社会主义核心价值观尊重差异、包容多样的内在要求相融合。

其三，齐鲁文化孕育了厚德载物、德行天下的崇尚道德的传统，成为中华民族的一个突出优势，这与社会主义核心价值观的崇高性要求相一致。

其四，齐鲁文化对中国大众的文化心理与道德人格具有重大影响，构成齐鲁文化主体的儒、道、墨、法等诸家人生价值观念及特定思维方式，共同作用于民族的社会心理及价值观念，形成中国特定的社会心理与价值观念，凝聚成传统道德人格。特别是齐鲁文化对中华核心价值观建设曾经做出重要贡献，极大影响了中国人的思维模式、心理习惯和行为方式。

（二）齐鲁文化的形成发展过程对社会主义核心价值体系建设的方略启示

其一，齐文化和鲁文化各具特色，又相互交流融合，是齐鲁文化充满生机活力的重要原因。

其二，齐鲁文化对其他地域文化的吸纳及在其他地域的传播，铸就了自身开放包容、内蕴广博的特质，成为具有强大自我更新能力的文化。齐鲁文化不仅是齐文化和鲁文化融合的产物，还兼收并蓄，不断吸纳其他地域文化的长处。首先，这得益于孔子思想的开放。其次，齐鲁文化的开放气质，在稷下学宫的发展上体现得淋漓尽致。最后，齐鲁文化的开放气质，还表现在它拥有一大批献身文化传播的学者。他们或为官从政，影响当政者，或率徒游走，四处讲学布道，大大扩展了齐鲁文化的影响范围。

其三，齐鲁文化具有自己的核心价值观，能够对异彩纷呈的齐鲁文化形态和要素起到凝聚作用，并赋予整个社会的文化发展以灵魂。齐鲁文化丰富多样、包罗万象，有墨家、道家、法家、兵家以及阴阳、纵横、方术、刑、名、农、医等家。但是，齐鲁文化有自己的核心。多种学派中，最为核心的是孔子创立的儒家文化，而儒家文化自身又是一个独立的理论体系。它的核心是“仁”与“礼”。

从齐鲁文化的形成发展历程中，我们可以总结出一些指导社会主义文化建设，特别是指导社会主义核心价值观建设的一般性规律及方略方法。例如，既要保持文化的自身品质，又要积极与异质文化交流融合；既要注重对其他文化的吸纳，还要注重走出去，在传播自己、扩大影响中塑造自己；既要注重文化的丰富多样性，又要注重为文化发展赋予灵魂，增强文化凝聚力。只有这样，才能使我国的社会主义文化充满生机和活力。我们还要看到，齐鲁文化之所以成为中华传统文化的重要组成部分，成为构建中华民族核心价值观最基本、最重要的思想资源，根本上还是因为齐鲁文化的内容长期以来满足了社会对文化的需求。这显示出齐鲁文化具有不可或缺的重大社会作用。也正是在不断发挥社会作用的过程中，齐鲁文化获得了自身发展更大的动力和舞台。这启示我们，服务于中国特色社会主义的伟大实践，服务于人民的根本利益，是进行社会主义文化建设特别是社会主义核心价值观建设的根本方略所在。

（三）齐鲁文化的思想内容是培育社会主义核心价值观的丰厚滋养

其一，从国家层面考察齐鲁文化对培育社会主义核心价值观的作用。在国家层面上，社会主义核心价值观表现为一个包括富强、民主、文明、和谐等核心价值观念在内的有机体系。把中国建设成为富强、民主、文明、和谐、美丽的社会主义现代化国家，是中国人民最大的价值选择和价值理想。首先，在齐鲁文化中，爱国始终被视为一种“大节”。孟子认为，人具有先天的善端，要想存养本心，必须对这种善端加以扩充，其中的重要方法就是“善养吾浩然之气”。爱国主义恰恰就是这种浩然正气和高尚节操的集中表现。在齐鲁文化中，孟子提出的“乐以天下，忧以天下”和荀子提出的“成天下之大事”等思想，都展示了胸怀天下的理想和信念。其次，在齐鲁文化中，有着丰富的关于国家治理观念方面的论述，其中涉及强国富民、民本仁政、礼义和谐等方面的内容，这在管子和孟子的思想中表现得最为明显。《管子》提出了强国强兵、治国必先富民、四民分业、务本饰末等重要思想。孟子“民贵君轻”的思想将历史上的民本思想推到一个全新的政治高度。孟子认为，如何对待民众这一问题对于国家的治乱兴亡极其重要，民心向背关系着国家的兴亡、朝代的更迭。得民之道，在于得民心，仁者无敌于天下。孟子主张国君要“与民同乐”。君主只有与民同乐，才能算真正的快乐，也只有与民同乐，才能最终实现王天下的目的。民本思想着重强调了民众的历史作用和无可取代的基础地位，反映了人民的心声，我们当代所提出的“以人为本”的思想正是对齐鲁文化中民本精神的升华。

其二，从社会层面考察齐鲁文化对培育社会主义核心价值观的作用。在社会层面上，社会主义核心价值观表现为一个包括自由、平等、公正、法治等核心价值观念在内的有机体系。深入挖掘并梳理齐鲁文化中的社会管理思想，对树立中国特色社会主义的自由观、平等观、公正观、法治观，具有重要的理论和实践意义。首先，自由是社会追求的终极价值，也是齐鲁文化所追求的精神境界。儒家典籍中虽没有出现“自由”这个词汇，但儒家所追求的乃是一种内在精神与道德上的自由，是一种道德超越、入世有为的自由。儒家认为，虽然人的生命有限，但其精神可以超越有限达到永存而不朽；人虽然是生活在有限世界的有限个体，但能通过个人道德之修养超越有限之自我，以体现“天道”之恒久。其次，平等指的是公民在法律面前的一律平等，其价值取向是不断实现实质平等。它要求尊重和保障人权，人人依法享有平等参与、平等发展的权利。而儒家很早就认识到人生来平等这个事实，《礼记》中说“天下无生而贵者”，孔子的“有教无类”思想更是表达了孔子的平等观。再次，公正是社会管理的根本。这一道德要求在社会生活中的贯彻，要求人们树立“天下为公”的理念。最后，法治是社会治理的基本方式。在法治上，齐鲁文化所倡导的主要做法是，礼法并施、以德为主，民本为基、执法为民，和谐司法、走向“无讼”。其中，管仲的顺民思想、墨子的利民思想、荀子的“民水君舟”思想及诸子百家的“无讼”思想，都对今天的民主法治建设提供了借鉴。

其三，从个体层面考察齐鲁文化对培育社会主义核心价值观的作用。在个体层面上，社会主义核心价值观表现为一个包括爱国、敬业、诚信、友善等核心价值观念在内的有机体系。社会主义核心价值观建设，归根到底要落实在提高民族文化素质、增强公民道德修养上。齐鲁文化十分注重修身问题。“修身”一词，较早见于《周易》《大学》《中庸》《荀子》等儒家典籍。儒家一贯强调以“齐家、治国、平天下”为己任，以“修身”为先，这充分说明齐鲁学者对于个体修养的重视。孔子就曾谆谆告诫弟子，做学问的根本目的是“为己”而不仅仅是道德品质的养成，不仅要靠社会、家庭的教育，更要靠自我教育、自我磨炼，这就是修身功夫。作为孔子、墨子等诸多思想家故乡的齐鲁大地，是孕育中国传统文化的沃土，常被称为传统道德文明的示范之乡，在这里诞生了无数的圣贤，形成了“圣地”特有的道德风尚和修身之道。齐鲁大地上无数的仁人志士以国家兴亡为己任，将修身贯穿于生命的始终，对今天都有重要的借鉴意义。

其四，从生态层面考察齐鲁文化对构建社会主义核心价值观的作用。建设生态文明是人类文明发展的新境界，也是社会主义核心价值观的应有之义。追求人与自然和谐是马克思主义的基本观点，“保护生态光荣，破坏生态可耻”是社会主义荣辱观的重要体现，敬畏自然、顺应自然、保护自然是建设美丽中国、实现社会主义共同理想的必然要求。要看到，如何处理人与自然的关系是人类面临的重大课题。齐鲁文化中蕴含着丰富的生态智慧，为中国生态文明建设提供了哲学基础与思想源泉。我们要从齐鲁文化中学习：一是天地共生、天人合一的和谐哲学思维。二是参赞化育、仁民爱物的伦理观念。人是自然界的一部分，人对天地应持有一份崇敬和顺应之心，要把人间关怀施予自然界的万事万物，“亲亲而仁民，仁民而爱物”（《孟子·尽心上》），这种仁爱的终极体现就是使所仁爱之人、物能够充分展现其应有的生命本性及历程。三是顺应时中、圣王之制的可持续发展理念。人类的实践活动必须“应乎天而时行”（《周易·大有卦》），“君子之中庸也，君子而时中”（《中庸》）。只有“时中”的实践活动才是既发展人类又发展生态的行为，否则将导致对自然生态的破坏。齐鲁先哲倡导人们热爱大自然，培养“乐山乐水”的生态伦理情怀，自觉与大自然融为一体，体味大自然化生万物的无限魅力，而中国的生态文明建设就是对以齐鲁文化为核心的中国传统文化智慧的回归与超越。

（四）齐鲁文化的现代转型是一项重大文化课题

齐鲁文化毕竟产生于特定的时代，如何实现齐鲁文化的现代转型，促进其变革与进步，以更有效地推进社会主义核心价值观建设，成为摆在我们面前的一项重大理论和实践课题。

齐鲁文化的现代化转型，就是要使其与马克思主义相一致，与现代化建设相融合。实现齐鲁文化的现代化转型，要经过长时间的建设过程，使齐鲁文化与现代经济、科技等相互促进、协调发展，切实提高中国的文化软实力和国际竞争力。我们要充分认识传统文化的现代滋养意义，着力创新文化传承方式，创新话语体系和叙事方式，注意发挥互联网新媒体的独特优势，加强国际传播能力建设，拓展各种交流合作方式，更好地展示齐鲁文化的当代价值。

其一，通过教育方式，对齐鲁文化进行现代性改造，把齐鲁文化精神和内容融入各级教育中。一要将齐鲁文化中的优秀传统文化内容写入教材，确保优秀传统文化在学生教育内容中的合理比重。尤其是在人文类教材的编写中，有必要根据受教育者的年龄和智力发展状况，由易到难将齐鲁文化的精华编入教材。同时，要使受教育者学会阅读和鉴赏，提高其自主学习传统文化的能力。二要注重齐鲁文化学习的渗透性。除学习活动方式的创新外，题材选取也要多样化。还要注重齐鲁文化与现实生活结合的紧密性，因为齐鲁文化教育最终要回归于人们的现实生活，为受教育者的实际生活服务。三要注重齐鲁文化教育与时代需要、时代精神的结合。当前我们社会在许多方面缺失仁爱精神，青少年的大局观念、奋斗意识、宽容之心相对淡薄，需要我们用传统文化精神进行教育引导，在教育引导过程中，要对传统美德做出现代性阐释，引导受教育者在实践层面传承优秀传统文化。四要搞好齐鲁文化教育实践基地建设，保护和利用好文化遗址、旧址、博物馆等，使其成为人们了解齐鲁历史、感受齐鲁文化、接受道德教育的重要场所，成为教育青少年的第二课堂。

其二，通过理论宣传、文学艺术等方式，对齐鲁文化进行批判的继承和创新，以服务于社会主义文化建设。应当看到，齐鲁文化蕴含着深厚的爱国主义思想、强烈的民本主义精神、积极进取的人生态度等，但它也包含不少与时代发展不相符的消极、保守、落后的因素，对此我们应该剔除。要创新齐鲁文化的理论样式，形成符合公众审美要求的文化符号。理论工作者、文艺工作者要切实深入到群众中去，用大众化的语言、生动的形式进行创作和宣传，使齐鲁文化融入群众内心。齐鲁文化只有进入群众话语体系，进入群众日常生活，才能够不断得到人民群众的认可。

其三，研究我党历史上对传统文化的继承和创新经验，促进齐鲁文化在新的历史条件下的现代转型。中国共产党领导人民在长期的革命斗争和社会主义建设实践中，形成了井冈山精神、长征精神、延安精神、沂蒙精神等精神文化，体现了中国共产党对中国传统文化的继承与创新。其中，沂蒙精神诞生于齐鲁大地，既是对民族文化传统的继承，又是对以马克思主义为指导的革命传统和以改革开放为特点的现代意识的凝聚和熔铸。

其四，发挥新媒体的作用，探索齐鲁文化新的存在方式。新媒体是在传统媒体的基础上主要依托网络技术产生的新媒体。新媒体日益展现出不同于传统媒体的特点，如交互性、即时性、海量性、共享性，媒体使用与内容选择更具个性化与社群化。文化的传播不能只是借助传统媒介来进行，还要充分发挥新媒体的优势作用，使其成为传播传统文化的有效途径。要加强对各种媒体、网络网站的建设和管理，增强内容的丰富性、理论性和权威性，让齐鲁文化渗透到大众生活的方方面面。

其五，推动齐鲁文化走向世界，在广泛的文化交流中发展齐鲁文化。齐鲁文化不仅是中国的，也是世界的。首先，要更新齐鲁文化对外传播的理念，有创新精神和创新意识。例如，生活在齐鲁大地上的人们，几千年来素有“有朋自远方来，不亦乐乎”的情怀，赢得了开放包容、热情好客的盛誉。步入现代社会的山东人继承发扬这一传统美德，将对外旅游宣传与齐鲁文化很好地结合起来，概括提炼出“好客山东”这一深具传统文化内涵的口号，在国内外产生了良好效应。“好客山东”成为一个品牌，成为对山东人风格的恰当定位，吸引了更多的外国朋友走进齐鲁、感受齐鲁。其次，汲取传统文化精髓，打造企业文化，既能为企业走向世界提供强有力的思想保障和智力支持，又能促进社会文化事业的繁荣。例如，海尔集团长期以来弘扬诚实守信、以义取利的传统美德，“真诚到永远”的信念已深深扎根于海尔员工心中，也在全世界树立起卓越的文化形象。青岛啤酒股份有限公司以爱国、敬业、优质为文化追求，铸就了青啤百年品牌，实现了由做大做强到做强做大的转变，成为唤起人们民族自豪感、历史责任感和心理认同感的有效载体。再次，要重视开展各种齐鲁文化宣传展示活动，推动齐鲁文化产品和服务出口，不断增强齐鲁文化的国际影响力。最后，要发挥孔子学院的作用，进一步把中华优秀文化精神、优秀民俗风情传播到世界各地，向世界各国全面展示齐鲁文化的魅力和风采。在各种国际文化交流活动中，我们要积极吸收其他国家的优秀文化成果，学习其他民族在传统文化保护和传播中的经验，使齐鲁文化更好地为社会主义核心价值体系建设服务。

总之，齐鲁文化以其优秀的文化品质，为中华文化的奠基做出了巨大贡献。今天，齐鲁文化也一定会通过其现代转型为中国特色社会主义文化建设做出新的贡献。

头脑风暴

1. 齐鲁文化是如何形成的？其根本特征是什么？
2. 如何从现代视角解读和传承齐鲁文化资源？
3. 齐鲁文化视角下传统文化现代教育的主要路径和相应职责是什么？
4. 如何发挥齐鲁文化在社会主义核心价值观建设中的作用？

参考文献

1. 周原. 齐鲁文化［M］. 济南：齐鲁书社，2004.

2. 郭墨兰，于孔宝. 齐鲁文化［M］. 北京：华艺出版社，1997.

3. 黄松. 齐鲁文化［M］. 沈阳：辽宁教育出版社，1991.

4. 张达. 论齐鲁文化的形成及其根本特征［J］. 理论学刊，2003（6）：125－128.

5. 王修智. 齐鲁文化研究中的几个问题［J］. 东岳论丛，2004（3）：5－9.

6. 张玉玲，贺建芹. 齐鲁文化视角下传统文化的传承与教育［J］. 山东科技大学学报（社会科学版），2014（6）：94－102.

7. 任者春，郭玉锋. 齐鲁文化在社会主义核心价值观建设中的作用［J］. 海岱学刊，2014：7－23.

8. 高广仁，邵望平. 海岱文化与齐鲁文化［M］. 南京：凤凰出版社，2004：1－16.

第二章 遗址文化

中华文明历史悠久、文化灿烂，留存至今的众多文物古迹，记载了五千年文明源远流长的传承历史；星罗棋布的区域文化，映照出中华文明的丰富多彩和多元统一性；遍布山东境内各地的文化遗址，则展现着齐鲁文化的鲜明文化特色与独特历史贡献。

第一节　东方圣城曲阜

曲阜，是多少人向往停留、长久居住的魅力之地！每个人心中的曲阜都是不一样的，可以说千万个人眼里就有千万个曲阜。或许，曲阜从来都不是单一的，而是有着众多的角色，让我们一起赏东方圣城之美，品齐鲁文化之韵。

曲阜，位于山东省济宁市，是中华民族始祖先皇古帝的发祥地之一，殷商故都，周、汉鲁国都城，春秋末期著名思想家、政治家、教育家、儒家学派创始人孔子的故乡，因此数千年来曲阜始终是中国人心中的圣地名城。今天的曲阜，孔子依旧鲜活地“活”在气势恢宏的建筑群落里，“活”在人们的思想观念和日常行为中，令小小的曲阜显出庄严大气、温柔敦厚之美，散发着独特的祥和气息。

早在上古时代，人类祖先就在曲阜一带活动，考古发掘中曾经发现大量史前人类活动的文化遗迹。传说四千年前，这里就是炎帝营都聚居的“大庭氏之墟”。杜预在注释《左传》中说：“大庭氏，古国名，在鲁城内，鲁于其处作库。”

据《史记》记载，轩辕黄帝生于曲阜的寿丘。《晋书·地理志》记载：“黄帝生于寿丘，而都于涿鹿。”继黄帝之后，少昊也曾在曲阜营建都城，相传少昊在位 84 年，寿百岁，葬于曲阜城东寿丘云阳山。周武王伐纣灭商后，周公旦受封于故奄地曲阜，立国为“鲁”。

鲁国是曲阜历史上的黄金时期，曲阜是当时除周王朝首都镐京之外全国文化最发达的城市。曲阜诞生了孔子、孟子、鲁班等名人，儒家文化在此发扬光大。孔子为后世留下的有关道德、伦理和教育思想的言论，不仅对我国几千年的文化教育产生深远的影响，还影响了东南亚乃至全世界。中国历代帝王、文人对孔子非常崇敬，在他的家乡——当时鲁国国都兴建起大型的孔庙、供孔子后代子孙居住的孔府和孔氏家族墓地孔林（合称“三孔”），1961 年国务院把“三孔”列为全国重点文物保护单位。孔庙为我国最早、最大的祭祀孔子的祠庙；孔府与孔庙毗邻，为孔子后裔直系子孙衍圣公的住宅；孔林为孔子及其后裔的墓地，立有历代颂扬孔子的碑刻。孔庙、孔府、孔林是中国历代纪念孔子、推崇儒学的象征，以悠久的历史、丰富的文化积淀、宏大的规模、丰富的文物珍藏以及珍贵的艺术价值而著称于世。

一、巡礼曲阜孔庙，感受至圣先师

（一）孔庙简介

曲阜孔庙始建于公元前 478 年，占地约 10 万平方米，殿堂 466 间，主要建筑物有金元两代的碑亭、明代建造的奎文阁和清代重修的大成殿。孔庙中若干珍贵的文化古迹记录了历代统治者尊孔祭孔的历史。西汉以来，历代帝王不断给孔子加封谥号，孔庙的规模也越来越大，历经 2 400 多年而从未放弃祭祀，是中国使用时间最长的庙宇，也是中国现存最为著名的古建筑群之一。孔庙以孔子故居为庙，岁时奉祀，是分布在中国、朝鲜、日本、越南、印度尼西亚、新加坡、美国等国家 2 000

多座孔子庙的先河和范本。

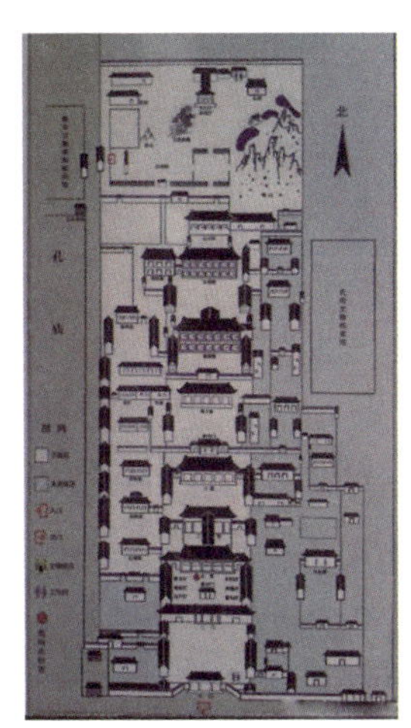

（二）孔庙建筑群

孔庙现存的建筑群绝大部分是明、清两代完成的，前后九进院落，四周围以红墙，四角配以角楼，是仿皇宫样式修建的。整个庙宇气势恢宏，布局严谨，是我国现存规模最大的三大古建筑群之一，1994 年被联合国教科文组织列为“世界文化遗产”。

孔庙的建筑群坐落于南北中轴线上。中路从金声玉振坊起，由南向北依次要穿越棂星门、太和元气坊、圣时门，过璧水桥后到达大中门。进大中门后，再经同文门、奎文阁、十三碑亭、大成门，至杏坛、大成殿、寝殿，最后到圣迹殿，这是孔庙的主体。由大成门向东，进圣承门，达诗礼堂、孔宅故井、鲁壁及崇圣祠、家庙，这是孔庙的东路。由大成门向西，进启圣门，达金丝堂、启圣王殿及启圣王寝殿，这是孔庙的西路。

1. 奎文阁

奎文阁又名藏书楼，是一座专门收藏历代帝王御赐书籍、墨迹的楼阁。它飞檐斗拱，造型庄严，具有独特的建筑艺术风格，占地 1 800 多平方米，是全国四大砖木结构殿堂之一。

2. 十三碑亭

十三碑亭俗称御碑亭，位于奎文阁和大成门之间的院落里。十三座石碑外形相同而碑文内容不同，风格、笔法各有千秋。其分布为南面八座、北面五座，是历代帝王为修建孔庙、祭祀孔子所立的石碑。在众多石碑中，康熙御制碑被称为“碑中之王”，整块碑重达 65 吨，是孔庙最重的一块石碑。孔庙中的石碑几乎都是就地取材制作而成的，唯独这块最重的石碑，是康熙皇帝下令从北京选取材料，大费周折运送至曲阜。

自满清入关之后，为了推崇忠孝仁义，朝廷下令大修孔府孔庙，对孔子的后人加官进爵，大力封赏。康熙皇帝以天子自居，自然是想大展宏图，希望能打造一个太平盛世。没想到，康熙刚登上皇位没几年，山东地区就发生了地震，孔庙的很多建筑都损坏了，康熙认为，自己在位期间，却出现如此大的灾难，实在是对孔圣人的大不敬，于是，为了表达敬意与歉意，康熙皇帝亲自去北京西山选取石料，让人刻好碑文之后送到曲阜。首先从北京到济宁，走水路耗费两个多月，到达济宁之后，从济宁到曲阜，正是冬天，工人每十里地就打一口井，井中取水，水结成冰，冰上浇油，让石碑在冰上滑行前进，短短九十里路，用了十五天，耗费民工600多人，牛400多头。康熙帝千里送石碑，反映出当时人们对孔子的尊敬，敬重，跟我们修建孔庙一样，都是表达了对孔子的尊敬。

3. 杏坛

杏坛，在大成门之后，坛前有石刻香炉，坛侧有几株古树，是著名的一景。据《庄子・渔父》载，这里是孔子讲学休息的地方，即所谓“杏坛说教”。

4. 诗礼堂

东路有一座诗礼堂。据《论语》载，孔子曾教导他的儿子孔鲤学习诗和礼，所以孔子的后裔在此建堂表示不忘祖训。孔子故宅在诗礼堂之后，这里是孔庙中最古老的地方，也是当年孔子居住之处。旁有古井一口，据传是供孔子饮水之用，井台四周有雕花石栏。有趣的是井栏出入口的两根石柱，竟是响石，击之有金属之声。

诗礼堂后面还有一块鲁壁，据《汉书・艺文志》记载，汉武帝时鲁恭王扩建宫室，拆除孔子故宅，在墙壁里发现了一批儒家经籍，是孔子的八代孙孔鲋在秦始皇焚书时藏在里面的。后人为纪念他保存经典著作的功绩，便造了鲁壁。不过清代不少学者对这件事表示怀疑。

5. 大成殿

曲阜孔庙的正殿称为“大成殿”，是孔庙的主体建筑。孟子曾称赞孔子是“集大成”（《孟子・万章下》）者，意思是他集中了前人全部的成就。“集”，即集中，意谓兼擅百家之长；“大”即专家或名家之意；“成”与“完善”意义相近。整个大殿金碧辉煌，气势磅礴，其前殿有十根大理石柱，每根柱上精雕两条戏珠的飞龙，工艺绝妙，实为宫殿建筑中罕见。殿内高悬“万世师表”等十块巨匾、三副楹联，都是清代乾隆帝手书。大殿正中供奉着孔子的塑像，七十二弟子及儒家的历代先贤塑像分侍左右。历朝历代皇帝的重大祭孔活动就在大殿里举行。殿前露台轩敞，旧时祭孔的“八佾舞”在这里举行。

孔庙中还有许多珍贵的文物，如碑林内存有两汉以来历代碑碣2 000多块，其中价值最高的是汉魏六朝碑林，收藏着乙瑛碑、礼器碑、史晨碑等汉代隶书名碑。大成殿四周回廊的28根雕龙石柱，是明弘治十三年（1500年）的原物，极为精美，在全国龙柱中可称第一。

（二）孔庙祭孔大典

祭孔大典是人们出于对至圣先师孔子的尊崇与怀念，于每年农历八月二十七日孔子诞辰日在孔庙举行的大型庙堂乐舞活动，亦称“丁祭乐舞”或“大成乐舞”，是集乐、歌、舞、礼为一体的综合性艺术表演形式，两千多年来从未间断，成为世界祭祀史、人类文化节史上的一个奇迹。

祭孔活动可追溯到公元前478年，即孔子卒后第二年，鲁哀公将孔子故宅辟为寿堂祭祀孔子，孔子故居成为世界上第一座孔庙。祭孔大典在古代被称作“国之大典”，汉高祖刘邦过鲁，以“太牢”祭祀孔子，开历代帝王祭孔之先河。汉武帝罢黜百家、独尊儒术后，各地纷纷修建孔庙，出现“县县有孔庙”的盛况，孔庙逐渐演变成封建朝廷祭祀孔子的礼制庙宇。元、明、清三个朝代，皇帝为孔子举行国家祭奠的主要场所在北京孔庙。

自唐玄宗于公元739年封孔子为“文宣王”后，祭祀孔子的活动开始升格；宋代后祭祀制度日益隆重；明代已达到帝王规格；至清代达到了顶峰，清朝仅乾隆皇帝一人就先后8次亲临曲阜拜谒孔子。随着历代帝王的褒赠加封，祭典仪式日臻隆重恢宏，礼器、乐器、乐章、舞谱等也多由皇帝钦定颁行，历代帝王或亲临主祭，或遣官代祭，或便道拜谒，总计达196次。

中华民国时期，政府明令对全国祭孔的程序和礼仪做了较大变动，将献爵改为献花圈，古典祭服改为长袍马褂，跪拜改为鞠躬礼。

由于战乱，官方祭孔仪式逐渐取消。1949年中华人民共和国成立后，曲阜孔庙得到多次修缮。1986年，沉寂了半个世纪的祭孔大典经曲阜市文化部门挖掘整理，在当年的“孔子故里游”开幕式上得以重现。

如今的曲阜祭孔大典共分为明故城开城仪式、孔庙开庙仪式、现代公祭和传统祭祀四个部分，在音乐、舞蹈和服饰等方面都有了新的发展。首先是音乐新，在原有乐谱的基础上，重新制作了开城、祭孔音乐，引入交响乐、合唱团的表现形式，意在达到磅礴大气、震撼人心的艺术效果；其次是舞蹈新，大典参照《中国历代孔庙雅乐》等有关文献图谱，对祭孔乐舞进行了重新编排，使其更具感染力；最后是服饰新，演出使用明代风格的服装和道具，经过重新设计制作，准确体现了明代祭孔的规模和盛况，更加古朴、庄严、凝重，展现了“千古礼乐归东鲁，万古衣冠拜素王”的盛况。可以说，孔庙中若干珍贵的文化古迹记录了历代统治者尊孔祭孔的历史。

二、孔府之儒学神韵

（一）孔府简介

孔府是孔子嫡系子孙居住的地方，是历代专为孔子直系后裔设置的府第，位于孔庙东侧。自秦汉中央集权的封建帝国建立以来，封建皇帝基于自己统治的需要，在对孔子一再加封的同时，对其后代也不断封赐。孔子死后，其子孙后代世代居孔庙旁看管孔子遗物，北宋末期，孔氏后裔住宅扩大到数十间，至明、清达到现在的规模。孔府展现出历代尤其是明清以来圣人之家兴衰发展的轨迹。

汉元帝封孔子第12代孙孔霸为“关内侯”，“食邑八百户，赐金二百斤，宅一区”。这是封建帝王赐孔子后裔府第的最早记载。宋至和二年（1055年）封孔子第45代孙孔宗愿为“衍圣公”，宋徽宗时封为世袭“衍圣公”，自此孔府即称“衍圣公府”。现在的孔府基本上是明、清两代的建筑，包括厅、堂、楼、轩等463间，共九进院落，中、东、西三路布局，是一座典型的中国贵族门户之家，有号称“天下第一人家”的说法。

孔府有前厅、中居和后园之分。前厅为官衙，分大堂、二堂和三堂，是衍圣公处理公务的场所。衍圣公为正一品官阶，列为文臣之首，享有较大的特权。前厅另设知印、掌书、典籍、司乐、管勾和百户六厅办事机构，为孔府服务。中居即内宅，是衍圣公及其眷属活动的地方。内宅的前后楼是府中众人的住所，现陈列着当年的生活用品。孔子第77代孙、末代衍圣公孔德成的房间内就摆设着当时结婚用的中西结合的家具。最后是花园，又名铁山园。园内假山、鱼池、花坞、竹林以及各种花卉盆景等一应俱全。尤为难得的是“五柏抱槐”奇树，一棵古老的柏树派生出5个分支，内中包含一株槐树，为世所罕见。

孔府中现在还保存着不少历代珍贵文物，如商周铜器、元明衣冠及古代书画、名人墨迹、竹雕玉器等艺术珍品。整个孔府宛如一座珍藏无数的博物馆。孔府收藏的大批历史文物中，最著名的是“商周十器”，亦称“十供”，形制古雅，纹饰精美，原为宫廷所藏青铜礼器，清乾隆三十六年（1771年）赏赐孔府。孔府所藏元代七梁冠为国内仅有。孔

府还存有明嘉靖十三年（1534 年）至 1948 年的档案，内容丰富，从不同角度反映了我国古代政治、经济、思想、文化状况，具有重要历史价值，现已整理出 9 000 多卷。孔府档案是世界上持续年代最久、范围最广、保存最完整的私家档案。

（二）孔府之楹联

孔府里的楹联承载的多是正统的儒家精神，颂扬的是所谓“道统”。若干对联表达了对孔子的极度尊崇之意。“万化所基，人伦冠冕；二南之业，家学渊源”“东溟量深，西华测峻；秋月俪洁，春风酿和”等，褒扬其名位的尊贵，赞美其人格的伟大，崇拜其知识的渊博，褒奖其思想的高深，颂扬其影响的深远。前上房东里间西墙壁有这样一副对联：“承道统于两千载；祝冈陵者亿万人。”“冈陵”典出《诗经·小雅》“如冈如陵”句，本义是高冈和峻岭，寓意事业宏伟，根基坚固。此联盛赞了孔子思想在化育人心、凝聚精神方面的功绩。现代学者一般认为，儒家思想以“仁”为核心，孔子曰：“仁者，爱人。”仁学的核心是“亲亲”之爱，即对父母的“孝”和对兄弟的“悌”，推己及人，自近而远，由“爱民”延展到“泛爱众”，遂成“仁政”。可是，孔府中直接谈“仁”的楹联数量并不算多。西偏堂有联：“蔼若春山，澄如秋水；仁为人德，吉是鸿义。”另一副见于孔府前上房：“道德为师，仁义为友；礼乐是悦，读书是敦。”此联虽写了“仁义”“道德”，但并不是过分强调人的先天之善，简单地认为“反身而诚”，人善良的自然秉性就会流露出来，而是特别强调后天的教化作用，既有“礼乐”规训，又有“诗书”敦促。在儒家看来，外在教化的方式比较多，包括通过礼仪、名分区分长幼尊卑的“礼教”、以音乐之美移人性情的“乐教”、以“治政”为核心的“书教”等，这些内容最终大都落实到“四书五经”之中。同时，这些楹联也强调社会环境、人际关系的重要影响，特别是朋友之间的相互浸染。这些方式的教化，最终是为了塑造一种“温良恭俭让”的理想人格，从而真正获得“正心、修身、齐家、治国、平天下”的能力。前上房孔庆熔所撰写的长联几乎涵盖了这些内容：“居家当思清内外、别尊卑、重勤俭、择朋友，有益于己；处世尤宜慎言语、守礼法、远小人、亲君子，无愧于心。”当然，从这些楹联中可以看出，在所有的教化方式中，撰写者们最为倚重的是“礼教”。《礼记·曲礼上》说：“夫礼者，所以定亲疏，决嫌疑，别同异，明是非也。”认为“礼”是规范社会秩序的行为准则，也是规范人际关系的伦理标准，还是教化人的外在手段。重光门有一联：“交友择人，处世循礼；居家思俭，守取宜勤。”该联中的“礼”大概同时包含着这三重内涵。前上房那联“道德为师，仁义为友；礼乐是悦，诗书是敦”中的“礼乐”就是指《礼记》《乐经》，“诗书”则指《诗经》《尚书》，泛指通过学习儒家经典提升精神人格。“礼”如果仅仅是硬性规定，愿意遵循者恐怕不多，这时候“乐”就能发挥作用，它借助审美愉悦移人性情，辅助“礼”的生成和内化。后堂楼正堂有一联：“彝训承先，闻诗闻礼；名宗衍庆，宜室宜家。”教导孔氏子孙继承孔子的精神内核，弘扬以“诗”“礼”为核心的教育传统，以“齐家”为目的，延续宗族的名望和荣耀。

孔府是中国传世最久、规模最大的封建贵族庄园，同时还设有一套完整的管理机构，拥有部分政权职能。孔府为中国第一批重点文物保护单位，1994 年被列入《世界文化遗产名录》。

三、孔林之万古长青

孔林又称“至圣林”，在曲阜城北，占地 3 000 余亩，是孔子及其家族的专用墓地，已有 2 500 多年的历史，也是目前世界上延时最久、面积最大的氏族墓地。内有 10 多万座坟墓，都是孔子的子孙，直系子孙已葬到 76 代，从无间断。作为一个家族墓地，其年代之久远，保存之完整，在世界上是罕见的。据统计，历代对孔林重修、增修共 13 次，扩林地 3 次，增植树株 5 次。现在的孔林，总面积约 2 平方千米，殿、堂、亭、门、坊数十间，林内有树 10 万多株，其中，柏、松、楷、柞、榆、枫、杨、柳、女贞等各种树木纵横交织。在万木掩映中，碑石林立，石仪成群，计有大小石碑几千块。孔林里面还有一位名人之墓，那就是清代戏剧家孔尚任，他因著《桃花扇》一剧而名盛一时。

孔林神道长达 1 000 米，苍松翠柏夹道侍立，多为宋、元时期所植。神道中段有桥名曰“文津桥”，平地突起。过桥北行，有一座精致的石质牌坊，坊额上刻“万古长春”四字，建于明万历二十二年（1594 年），是曲阜现存最大、最精致的石牌坊。“万古长春”坊正对孔林大门，寓意孔子的思想犹如松柏长青，万古不衰，人们一直在汲取孔子思想的养料。此坊六柱五门五楼，飞檐起脊，三层横梁，房顶呈瓦垅状。明间两石柱前后各浮雕两条盘龙，再外两石柱只有上部各雕一条龙，最外两边的柱上部各雕一只立凤凰。明间额枋南面雕双龙戏珠，北面雕双狮戏球，次间均雕双凤朝阳，梢间前后雕双龙戏珠。坊额刻于明间花板上，正书“万古长春”四个大字，笔势沉厚，字体端庄，花板两面雕祥云、瑞草等图案。石柱前后有石抱鼓，鼓上浮雕石狮子，两侧面分别浮雕龙、鹿、牡丹等图案。此坊矗立于神道上，更显得雄伟精美。

在“万古长春”坊前东、西两侧各有一座碑亭。东亭内立《大成至圣先师孔子神道碑》，此碑于明万历二十二年（1594 年）十一月由山东

巡抚郑汝璧、巡按连标所立。碑亭为方形，明间南面洞开，东、西、北三面设立石栏，重檐绿瓦歇山顶。西亭内立《阙里重修孔子林庙碑》，碑文为明万历年间礼部尚书、东阁大学士、东阿人于慎行书。此碑立于明万历二十三年（1595 年）六月。两碑亭虽经几次重修，仍保持明代的建筑风格。

林道尽头为“至圣林”木构牌坊，这是孔林的大门。由此往北是孔林二门，为一座城堡式的建筑，亦称“观楼”，四周筑墙，墙高 4 米，周长达 7 000 余米。林墙内有一河，即著名的洙水河。传说秦始皇焚书坑儒，在孔子墓前挖了这条意在破其风水的河。不想这条河宛若一条闪亮的玉带，反而为孔林平添了一道风景，滋养着这片遮天蔽日的园林，为其带来无限灵秀之气，被后世誉为“灵源无穷，宜与天地共长久”。洙水桥北不远处为享殿，是祭孔时摆香坛的地方。殿前有翁仲、华表、文豹和角端四对石雕。享殿之后，正中为孔子之墓，墓前有石碑篆刻“大成至圣文宣王墓”。东边为其子“泗水侯”孔鲤墓；前为其孙“沂国述圣公”孔伋（子思）墓。据传此种特殊墓穴布局称为“携子抱孙”。

孔林中的“子贡手植楷”也是珍贵的历史遗迹。相传孔子辞世后，他的弟子子贡在恩师墓旁守丧六年，并从外地移来奇木植于墓旁，以寄托哀思，后人视子贡为尊敬师长的楷模。楷树属稀有树种，树龄达千年以上，此木坚硬，木质细，呈金黄色，故有“软黄金”和“南檀北楷”之美誉。曲阜楷木雕刻迄今已有 2 400 余年的历史，其原材料源于曲阜孔林独有的珍稀植物楷树。史载孔子门人子贡为楷雕创始人，他用楷木雕刻的其师孔子、师母亓官氏的两尊圆雕坐像，已成千古传世之宝，现存于孔子博物馆内。

1998 年，曲阜孔庙、孔府、孔林被列为“世界文化遗产”，载入《世界文化遗产名录》。曲阜城内丰富的文化古迹集中展现出儒家文化的物化形态和独特文化魅力。

第二节 孟子故里邹城

2014 年 2 月，习近平总书记在中央政治局集体学习中提出了“讲仁爱、重民本、守诚信、崇正义、尚和合、求大同”的价值观。其中前两条“讲仁爱”和“重民本”都来源于孟子的思想。孟子不仅是早期的儒家代表，也是一位政治哲学家和心理学家。

孟子诞生在邹城这块古老而文明的土地上。邹城位于山东省南部偏西，北毗鲁国故城曲阜，南接滕薛故地，东依沂蒙山区，西临鲁西平原。自古以来“邹”与“鲁”并称，邹鲁成为人们向往的地方，成为文化繁荣兴盛之地的代称。邹城的人文资源十分丰富。从原始社会到夏、商、周三代，再历两汉、魏晋、隋、唐、宋、元、明、清，6 000多年悠久的历史文化积淀使邹城拥有众多的文物古迹。孟母三迁祠、漆女城遗址、野店遗址、晚照寺遗址、灰城子遗址等，每一处古遗址都是先人的生活缩影。

一、孟母三迁祠

元代元贞年间，邹县尹司居敬崇儒重道，以振兴文教为己任。他到处寻访孟子故居，结果在县城东南隅找到，其前临因利渠，南有文贤岗，泗川掩抱，其间筑有曝书台。司居敬召集居住在孟子故宅处的几家百姓商议搬迁，并应允发给搬迁费用。几家百姓非常乐意，于是司居敬派人丈量面积，当即付给报酬，然后在这片故址上建屋四楹，取名“渊源”，内设子思、孟子像，子思面南，孟子西向侍，“皆章服玄端危坐，俨然昔日授受之容”。又在故宅周围垒起院墙，并请秘书少监杨桓篆书“曝书台”三字，刻于石上。后此处又称为“断机堂”，取孟母断机劝子之意。

元顺帝至元三年（1337年），吏部侍郎杨国贤重修断机堂。至正四年（1344年），邹县耆儒马亨、李元彬、李俨等人，与孟子第五十二代孙孟惟让一同出资，请人泥塑孟母像，冠服拟一品命妇，祀于断机堂。

此后，断机堂多次维修。万历三十七年（1609 年）重修时，易“断机堂”为“孟母祠”，东与子思讲堂相望。子思讲堂后毁于战火，今已不存。断机堂后又改称“孟母三迁祠”。

至 20 世纪 30 年代，孟母三迁祠规模为：祠面南，大门额匾上写有“三迁祠”三个大字。东侧壁上，嵌有“孟母断机处”五字刻石，北面东侧有“孟母三迁祠、断机堂碑记”。院内有正殿三间，额匾上写有“断机堂”三字。堂内中央龛中供奉孟母，其东侧有一龛，配祀亚圣孟子。堂前东南有座一丈左右见方的石台，上设一亭，名“曝书亭”，据传为孟子曝书处。曝书台南侧为曝书碑亭，北侧为“重修曝书台记”“重修断机堂记”等碑刻。1945 年底，孟母三迁祠毁于战火，后又重修。

如今的孟母三迁祠坐北向南，有正房 3 间，东、西配房各 3 间。正房即“孟母祠”，单檐硬山式建筑，前有回廊，祠内正中神龛供奉孟子父母像，东侧置孟子像龛。祠前回廊东、西两侧壁上镶碑刻两块：一为“创建亚圣祠碑记”，清康熙五十二年（1713 年）立；二为“庙户营添设祭田记”，清同治四年（1865 年）立。该祠是纪念孟母和孟子的建筑之一，1985 年被列为济宁市重点文物保护单位，2006 年被列为山东省重点文物保护单位。

孟母“三迁择邻”的故事，最早见于西汉刘向《列女传·母仪篇》。孟子小时候很贪玩，模仿性很强。他家原来住在坟地附近，他常常玩筑坟墓或学别人哭拜的游戏。孟母认为这样不好，就把家搬到集市附近，孟子又模仿别人做生意和杀猪。孟母认为这个环境也不好，就把家搬到学堂旁边。孟子就跟着学生们学习礼节和知识。孟母认为这才是孩子应该学习的，心里很高兴，就不再搬家了。“孟母三迁”的故事为历代所称颂，如东汉赵岐《孟子题辞》：“孟子生有淑质，夙丧其父，幼被慈母三迁之教。”宋代苏轼作《崔文学甲携文见过》：“自言总角岁，慈母为择邻。”元代关汉卿《蝴蝶梦》：“想当年孟母教子，居心择邻；陶母教子，剪发待宾。”“孟母三迁”成为母亲重视子女教育的典型，影响至今。

二、孟子故乡之“三孟”

邹城的古建筑以孟庙古建筑群、孟府古建筑群和孟林享殿最具代表性。它是孟子地位提升的历史见证。孟庙、孟府、孟林（合称“三孟”）是为数不多的孟子及其思想的纪念地，在我国儒家祭祀体系中占有重要地位。1998 年孟庙、孟府被列为全国重点文物保护单位，2006 年孟林被列为全国重点文物保护单位。

（一）孟庙

孟庙，又称“亚圣庙”，是历代祭祀孟子的地方。孟子有庙奉祀始于宋景祐四年（1037 年），孟庙始建于邹城东北的四基山西南麓孟子陵墓前，后迁于现邹城城南关。孟庙内保存有秦、汉、晋、唐、宋、元、明、清历代碑碣 280 块，其主要内容有历代封建皇帝封赠圣旨、孟氏家族谱系、历代维修扩建纪实、文人骚客诗词赞颂等。其字体楷、行、隶、篆全备，具有很高的书法艺术价值。重要的碑刻有西汉《莱子侯刻石》和《秦峄山刻石》、东汉《石墙村刻石》、元文宗八思巴文《封赠孟子为邹国亚圣公》圣旨碑、明《孟氏宗传祖图碑》等，是研究我国历史和孟庙沿革的珍贵资料。

孟庙内有各种树木 430 株，其主要树种为柏、桧，还有少量的古槐、银杏、紫藤等。这些古树多栽种于宋、元时期，至今仍参天拔地、青翠葱郁、森然茂盛。孟庙古树名木中有四大自然奇观：“古柏抱槐”“藤系银杏”“ 洞槐望月”“桧寓枸杞”。孟庙的古树景观在明代就受到人们的喜爱，明代书画家董其昌曾吟五言律诗一首：“爱此孟祠树，森然见典型。沃根洙水润，含气峄山灵。阅世磨秦籀，参天结鲁青。方知樗散寿，只入列仙经。”

孟庙总计建有各型殿宇六十四座，碑亭两座，木坊四座，石坊一座。“继往圣　开来学”坊位于棂星门两侧，点明了孟子在儒家体系中作为孔子的继承者和后世儒学的开启者的地位，该石坊四柱三门，东侧竖有明万历九年（1581 年）立《邹国亚圣公庙》石碑。据此可知，这座门坊的建置年代应在此之前。其石柱在“文化大革命”时被刻上毛泽东诗句“四海翻腾云水怒，五洲震荡风雷激”，至今尚存。泰山气象门为孟庙仪门，其形制为歇山式斗拱承托三启；亚圣木坊位于孟庙西门大街上，始建于明天顺二年（1458 年），其形制为四柱三门，檐下半拱十一踩五翘，正中悬山式坊顶；“孟母断机处”“子思子作中庸处”“孟母三迁祠”三块石碑是从孟庙外迁至孟庙内保护的；天震井位于亚圣殿前的露台下（甬道东侧），井口石栏建于清道光十一年（1831 年）。亚圣殿的形制为七楹、绿色琉璃瓦覆顶、重檐歇山式宫殿型建筑，高 17 米，进深 20.48

米，横宽 27.7 米，系康熙十二年（1673 年）重建。正中门额悬清乾隆帝御笔“道阐尼山”横匾，藻井下悬清雍正帝手书“守先待后”金匾。大殿正中供奉 1986 年重塑的孟子衮冕像，东侧神龛内供奉着孟子弟子乐正的塑像。启圣殿祭祀孟子父亲，其形制为五楹单檐歇山式建筑，高 9.97 米，纵深 10.60 米。孟母殿祭祀女教育家孟子母亲（宣献夫人），该殿高 7.80 米，东西横宽 10.98 米，南北纵深 9.53 米，东壁神龛安放孟子自刻为母殉葬石像。致严堂是祭祀前沐浴、更衣、斋戒之所。祧主祠是孟氏远祖之庙，建于清道光十年（1830 年），其形制为三楹，高 7.45 米，东西横宽 10 米，以孟子为不祧之祖，正中悬“孟氏大宗祧主祠”匾。

（二）孟府

孟府又称“亚圣府”，位于邹城南关、孟庙西侧，庙、府仅一街之隔，是孟子嫡系后裔居住的宅第。元至顺二年（1331 年），孟轲被封为“邹国亚圣公”，孟府因此被称为亚圣府，始建年代不详。

孟庙内现存明洪武六年（1373 年）立《孟氏宗传祖图碑》记载：“宋仁宗景祐四年，孔道辅守兖州，访亚圣坟于四基山之阳，得其四十五代孙孟宁，用荐于朝，授迪功郎，主邹县簿，奉祀祖庙。迪功新故宅，坏屋壁乃得所藏家谱。”据推测，建孟庙的同时建造孟府，后经历代变迁和扩建，有了现在的规模。根据孟府大堂前现存的几棵相当古老的桧树及同孟庙毗邻的建筑布局来考证，在宋宣和三年（1121 年）第三次迁建孟庙于城南时，迁建孟府于孟庙之西侧。孟子后裔嫡系长子在明代以前袭封邹县主簿，并从那时开始世袭“翰林院五经博士”，以后从未间断，到了民国改称“奉祀官”。“翰林院五经博士”和“奉祀官”都是虚职，没有实际权力，其主要职责是：看护维修孟庙、孟林，祭祀先祖，弘扬儒家文化。孟家世袭的“翰林院五经博士”，其爵位并不高，但世代相袭，经历七八百年不衰，这样的贵族世家非常少见。

（三）孟林

孟林，又称“亚圣林”，是埋葬孟子及其后裔的墓地。历史上有很长一段时间不知道孟子死后埋葬在什么地方，直到北宋景祐四年（1037 年），兖州知府、孔子第 45 代孙孔道辅寻访到孟子的墓地。孔道辅分析孟子晚年生活在邹县，最后终老在这里，墓地应该离此不会太远，后经过多次探查，最后确认在四基山，并且报告给朝廷。从那时到现在，已经有 900 多年。900 多年来，林地不断扩大，庙堂不断增修，逐渐形成今天的规模。孟林内现有柏树、桧树、柞树、杨树、榆树、楸树、槐树、枫树、楷树等各类树木1万多株，多为宋、金、元、明、清各代所栽植。

孟林前有一条长1.5千米的神道，神道两旁有两行高大古老的杨树，杨树外面是柏树。神道中段有一条小溪，溪上架一座拱形弹孔石桥，名御桥。桥左边立有一块石碑，碑上刻着“亚圣林”三个大字。过桥往北有500米长的石砌甬道直达享殿大门。享殿现在是5间，清代建筑，承袭明代的规模与风格。林内的部分珍贵碑刻现移入享殿内保存，其中《新建孟子庙记碑》是北宋儒学泰山学派的著名人物孙复撰文，已有九百多年的历史，是研究孟庙、孟林、孟府最早的实物资料。

享殿后面的围墙内是孟子墓，孟子墓是一个很大的土丘，高约6米，像座小土山。墓前有一高大石碑，上刻“亚圣孟子墓”楷体碑文，碑前设有石香炉、石瓶、石供案等，整体布局气派威严。孟子的诞辰是农历四月初二，为纪念孟子的诞辰，每年四月初二至初五在孟林前举行盛大的古会，延续至今。

孟子墓西边200米处，有并排三座古墓，称“三家冢”。这三个古老的土丘内埋的是历史上著名的鲁国三桓——庆父、叔牙、季友，也就是后来的孟孙氏、叔孙氏和季孙氏的祖先。其中孟孙氏就是孟子的祖先。可以说，孟林是邹鲁大地上最为古老的家庭墓地。

孟林随着山势的起伏而漫延，给人一种开阔宏大的感觉。林内古木参天，云雾缭绕。登上山顶，举目四望，林海茫茫，苍鹰盘旋。林海之外，田畴如画，透出勃勃生机，再看孟林内点点坟冢，历史沧桑感油然而生。

孟林最有特点的是林内柏树的根。这座山是石灰岩，山上土壤很少，树木都长在石缝中，经过八九百年时间，树的根外突石缝，大部分裸露在外面，有的甚至把小小的石缝全部包上，仿佛古老的柏树就是生长在石头上。

孟子是有梦想的人，孟子的“梦”在本质上与我们今天的“中国梦”是一样的。孟子一生都在努力宣传他的梦、践行他的梦。今天，我们应当从孟子思想中汲取丰富的营养，通过不断提高自己的修养，为社会、国家做出贡献，以实现我们的“中国梦”。

三、邹鲁文化

春秋后期，儒家的创始人孔子诞生于尼山。尼山在历史上属于古邾国，在邹县境内，因此说孔子生于邹国，后定居于鲁国。孔子在鲁国创立儒家学说，使鲁国成为文化的中心。在战国时期的社会巨变中，许多贵族离开本土到外地谋生。孟子本是鲁国贵族孟孙氏的后裔，后来迁到邹国定居，孔子的孙子子思也曾到邹国讲学。在百家争鸣的大环境中，诞生于邹国的孟子，继承发扬孔子的思想学说，使邹国成为儒学的复兴之地。孟子政治思想的核心是“仁政”，“仁政”学说是对孔子“仁学”思想的继承和发展。孔子的“仁”是一种含义极广的伦理道德观念，其最基本的精神就是“爱人”。孟子从孔子的“仁学”思想出发，把它扩充发展成包括思想、政治、经济、文化等各个方面的施政纲领，就是“仁政”。“仁政”的基本精神是对人民有深切的同情和爱心。孟子的“仁政”在政治上提倡“以民为本”，认为对一个国家来说“民为贵，社稷次之，君为轻”。他还说：国君有过错，臣民可以规劝，规劝多次不听，就可以推翻他。孟子反对兼并战争，认为战争太残酷，主张以“仁政”统一天下。在经济上，孟子主张“民有恒产”，让农民有一定的土地使用权，要减轻赋税。孟子“仁政”学说的理论基础是“性善论”。孟子说：“恻隐之心，人皆有之。”他认为善性是人类所独有的一种本性，也是区别人和动物的一个根本标志。他还强调要重视对人的教育，强调客观环境对人的影响。孟子认为，人只有在逆境中奋斗，才能激发出强烈的进取精神。人只有在忧患中才能生存，贪图安乐必然会导致灭亡。孟子非常重视人格修养，他认为人生有比生命更重要的东西，那就是正义。为了正义可以舍去生命，即他说的“舍生取义”。

邹、鲁这片土地孕育出了孔子、孟子这两位文化巨人。也正是因为孔子、孟子，才形成了“邹鲁文化”或“邹鲁遗风”，“邹鲁”成为文化兴盛、繁荣的代称。

四、漆女城遗址

漆女城遗址位于山东省邹城市北宿镇岳庄村西北，城关镇朱家村西南，俗称七女城。该遗址东北部地势稍高，西南部较低洼，呈斜坡状，东西长 120 余米，南北宽 100 米。遗址以龙山文化为主，兼有周至汉代的遗存。土质多为黑灰色，文化层厚度平均 1～2 米，最深处达 4 米。地表散布东周鬲足、盆沿、豆柄，汉卷云纹瓦当、绳纹板瓦、陶瓮等残片，以及少量隋唐瓷片和唐莲花纹瓦当残片等。龙山文化陶片暴露不多，从断崖上发现龙山文化地层，厚 0.5～1.5 米，土质较硬，呈黄褐色，内含红烧土粒、木炭屑等。龙山文化灰坑呈锅底状。1953 年，王献唐对遗址进行过考察。1964 年，中国科学院考古研究所山东队对之进行全面调查。1973 年、1980 年，山东省文物普查队又进行了两次复查。

据考证，漆女城最早是原始社会晚期的人类活动遗址，春秋时期曾是郕国漆邑，后属鲁国，一直延续到隋唐才逐渐荒废。

漆女城得名于战国时期鲁国的漆室之女。传说漆女已到婚嫁年龄，却不肯嫁人。有一天她倚柱大哭，惊动了街坊邻居。有一位邻妇问她："你为什么会哭得这么伤心呢？是为婚事发愁吗？"漆女愤然对答："我以前总认为你很懂道理，没想到你如此无知。我忧的是鲁国国君已经年迈，太子幼小，恐怕国中有乱，祸在旦夕。"邻妇笑着说："国家安危乃是贵族大臣们该忧虑的事情，我们这些妇人何必多虑呢？"漆女说："从前兵马一来，到处践踏，毁坏了我们的庄稼，使我们不得温饱。鲁国一旦有祸乱，君臣上下都会遭殃，难道妇女能幸免吗？"她的一席话说得众人无言以对，只得怏怏离去。结果不出漆女所料，三年之后鲁国果然大乱。后人认为漆女气度宽宏，立世绝俗，将她作为妇女中的大智者而饱加赞颂。

漆女城遗址文化内涵丰实，延续时间较长，是山东省内少见的重要文化遗址。该遗址于 1992 年 6 月被列为山东省重点文物保护单位。

五、野店遗址

野店遗址位于山东省邹城市峄山镇野店村南，系山东省史前考古文化遗址，属山东省典型的大汶口、龙山文化，兼有周至汉代遗存。野店遗址的古文化层分为 4 层，内含大量陶片、木炭、红烧土。房址有方形、圆形，均有半地穴式建筑。部分区域墓葬密集，多呈长方形土坑竖穴，分有葬具的原始大、中型木椁墓和无葬具的小型墓，以女性单人墓葬为主，合葬墓仅占 10%，儿童墓采用瓮棺葬的形式。随葬品多寡不一，大、中型墓随葬品大都在 50～80 件，小型墓仅一两件，有按贫富分区埋葬的情况，标志着氏族内部贫富分化日趋明显。出土文物有生活用具、生产工具和装饰品，其生活用具为陶器，品类繁多、制作精细，采用镂孔、刻花、拧花等工艺；彩陶器用白、赭、红、黑等色，组成网状、星形、圆圈和植物纹图案，有较高的艺术价值；生产用具是磨制精细、洁度较高的石器；装饰品多是玉簪、玉环、玉璜等玉器。

野店遗址的挖掘取得了大汶口文化与龙山文化相叠的双叠地层，并在大汶口文化层中出土了不同层次、不同阶段的墓地、灰坑、房基等遗迹和丰富的生产工具、生活用具、装饰品，表明遗址内涵为大汶口文化与龙山文化新石器时代遗存。

野店遗址所表现的社会生产水平及其差异，反映了不同的社会现象：该遗址早期尚处在母系氏族末期；中期时父系氏族制因素开始突出，为母系氏族社会向父系氏族社会过渡时期；晚期随着生产力的迅速发展，父系氏族已基本形成。

1977 年该遗址被列为山东省重点文物保护单位，2013 年被核定为全国重点文物保护单位。

第三节 齐国故城

齐国因其疆域辽阔、国势强盛而为“春秋五霸之首，战国七雄之冠”，绵延 800 余年。作为中原文化的重要组成部分，齐文化对当时列国和后世都产生了巨大的影响。齐国的都城临淄，是列国中最为繁华的都市之一，也是当时东方重要的政治、经济、文化中心，这里能寻到齐文化的踪迹。

一、齐国都城遗址简介

齐国都城遗址又称齐国故城、临淄故城，位于临淄区辛店镇以北 7.5 千米，东傍淄河，西依系水，北靠平原，南对牛山、稷山和名泉天齐渊。1961 年，齐国故城被国务院列为全国重点文物保护单位。经文物部门勘探发掘，现已基本查明故城分大小两城。大城一般为官吏、平民及商人居住的廓城，小城在大城的西南方，为国君居住的宫城。小城套筑于大城西南隅，两城总面积 15.5 平方千米。故城内拥有城垣、城门、万基、排水道、宫殿及冶铁、炼铜、铸钱、制骨作坊遗址多处，现已开发了大小城墙结合部剖面、排水道口、东周殉马坑、孔子闻韶处、晏婴基、桓公台、韩信岭等 10 多处景点，并建有齐国故城遗址博物馆（现已迁走，并更名为齐文化博物馆）。

从现存城墙来看，夯筑痕迹依稀可辨。据文物部门探测，故城城墙有的呈直线，有的沿河岸蜿蜒曲折。小城墙基宽一般在 20～30 米，最宽处达 67 米。大城墙基宽 20 米以上，最宽处达 43 米，两城的周长约 21 千米。在城垣遗迹中，保留较好的一段是大城西墙南端与小城北墙交接的地方，位于小城北门以西 100 米处，城墙残高约 5 米，全部用泥土分层夯筑而成，1982 年国家建有拐角型墙壁式砖房保护。

据 1920 年《临淄县志》记载，齐城有雍门、申门、杨门、稷门、鹿门、章华门、东闾门、广门等十三门。因未记确切方位，后人说法不一，比较肯定的是申门、雍门为西门，广门为大城的东门。现已探明十一座城门遗址，包含五座小城门和六座大城门。门道宽约 8.2 米，最宽的门道约 20.5 米。城内道路均与城门相通，彼此纵横交错。目前已知的主要交通道路就有十条，其中小城三条，大城七条。在城内发现三大排水系统与四处排水道口，废水与积水均可通过排水沟穿过城墙下的排

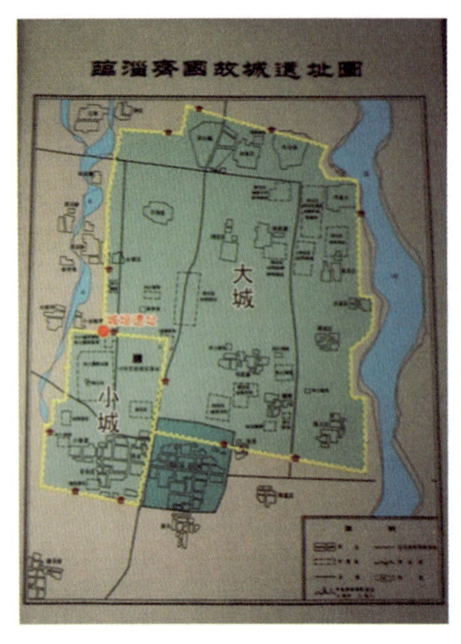

水道口流入护城河。城内还有六处冶铁遗址、四处制骨作坊遗址、两处铸钱遗址。

齐国故城内的文物古迹是对我国悠久历史文化的见证，对于研究历史具有非常重要的价值。齐文化是中华民族优秀传统文化的重要组成部分，发展、改革、开放是齐文化的精髓。齐国发展经济、倡导开放、富国强民的优良传统，成为今天淄博经济文化和对外开放事业不断发展的文化背景和历史渊源。

二、齐长城遗址

齐长城始建于春秋时期，完成于战国时期，历时170多年筑成，迄今已有2600多年的历史。是中国现存有准确遗迹可考、保存状况较好、年代最早的古代长城，被誉为“长城之父”。

春秋战国时期，我国进入了一个由分裂到统一的历史大变革、大动荡、大发展的历史时期，奴隶制逐渐衰亡，封建制兴起，各国依据其国情先后进行了不同程度的变革，使得政治稳定，经济繁荣，也导致了军事力量的强大，因而出现了长达几百年大规模兼并战争。据史载在春秋战国间不到三百年的时间内，就发生过规模不同的战争四百八十余次。战争的目的是为了保存自己，消灭敌人，扩大国土，增强势力，故而出现了春秋五霸和战国七雄的称霸争雄局面。而各国间的不断战争，又迫切要求加强防御工事，当时修筑长城是各国通用的方法。地处我国东方的齐国，南近鲁楚，西有晋宋，北邻燕赵，因鲁晋春秋时为强国，齐鲁交界所处又有泰沂山脉相隔，具备修筑长城的自然地理条件，故齐国在春秋战国时期为了加强防御而修长了长城。

关于齐长城的建筑结构及制度，《管子·度地篇》云“春三月，天

地干燥，水纠列之时也。山川涸落，天气下，地气上，万物交通，……令甲士作堤大水之旁，大其上，小其下，随水而行。地有不生草者，必为之囊。大者为之堤，小者为之防。”松华先生依据文献记载，对齐长城的施工时节，施工地点，工程体制、施工进程、工程的管理与维修等方面进行了考述。齐长城多依山势而筑，山岭之地又多筑在峰顶处，故齐长城又有“长城岭”之称。但长城所经沿线亦有平坦之地，所以做为齐长城的整体建筑结构设计、城墙结构各有异。随山势而筑地段城墙多系大小不一的自然石块砌成，一般不用灰浆等物凝固。而平原低谷地段所筑长城又多夯筑而成，土筑的城墙也称钜防或防门。或城墙的建筑材料而言，多就近取材，山岭地段所长城墙，因取石之便，即用石砌；平坦地带，因无石便取，即用土筑。如今筑的少。齐长城从军事防御功能考虑，又有城墙、防门、关塞、燧、亭、烽火台。实地调查发现齐长城在长清与肥城边界的大石关、博山区鲁山之北的县青石关、临朐与河水边界的大关有三条复线；发现了 12 处重要关隘、9 处便门，城堡、兵营遗址 50 余处，烽燧 12 处，构成了一个系统的完整的军事防御体系。

齐长城建筑充分利用山险代替长城的作用又能节省人财物，城墙是长城的主体；烽火台多设在山岭的高巅之处，是军事设防传递信号的设施；而关寒和防门多设在平原低谷地段，是出入国境的必经之地，也是长城的要冲地带。此处一般修筑两层城墙处，还多配设关卡和防门。今五莲县长城岭村东西两山顶处各设有一座烽火台，高约 5 米，直径达 20 米。在沂水和临朐交界地带的大岘山上修筑的穆陵关，比关筑两道城墙，格外坚固，因此处是齐国当时通往南部的重要门户，由此向北可直达齐都临淄。据罗勋章先生实地调查，长城所经的临朐、安丘、沂水境内地段城墙，多为南北两道城墙，且两道城墙的修筑结构相同，故而证明长城要冲地带设计是有意重点加固的。

综观齐长城的建筑结构设计，有因地制宜，充分利用地形，就地取材的特点，故而现今所见长城不是整齐的统一设计，而是多因山势和河堤渠防而筑，平地、河流、低谷处重点设防，以确保进出方便，能攻易守。现存城墙遗迹一般在山系顶峰险要处不见，说明当时此处没有修筑城墙，有的地处即使修筑，规模也很小。在山系岭脊外缘陡险处，长城内侧地势较外侧要高出许多，一般可高出 2—3 米，而外城墙内只填以 3—4 米宽的土少或碎石，所以齐长城较多处地段为单城墙，即只有外墙，无内墙，即使有内墙也较低，这们即起到了防设作用；这在春秋战国时期各国所长城中是仅见的，在历代所建长城中也是仅有的。

第四节　城子崖龙山文化遗址

源远流长的中华文明发源于何时何地，一直是20世纪以来史学界、考古学界研究探索的重点对象，也是取得重大成果的学术考古发现之一。根据近些年考古界一般的认识和比较一致的看法，中华文明的最早起源与黄河、长江这两大世界级大河有密切关系。其中，山东地区对史前古遗址、古墓葬的考古挖掘和研究，对解决该问题做出了重大贡献。以龙山文化遗址及墓葬为代表的大量史前古遗址，充分证明齐鲁地区为中华文明最早发源地之一。龙山文化时代是中华民族发展踏入文明门槛的重要历史时期。

一、城子崖遗址简介

城子崖遗址，位于济南市章丘龙山镇龙山村东北，巨野河东岸，胶济铁路的北侧。城子崖遗址属山东历城龙山镇的黑陶文化遗址，也是中国学者发现并且发掘的最早的新石器时代遗址之一，最初以磨光黑陶为主要特征，一度称“黑陶文化”，后考古学界将龙山镇城子崖遗址为代表的文化遗存命名为龙山文化，现称山东龙山文化。其发掘工作对中国史前考古与古史研究产生深远影响。1961年，国务院将之列为第一批全国重点文物保护单位。

自20世纪30年代初，由当时的中央研究院历史语言研究所对章丘龙山镇城子崖遗址进行了挖掘，并由此命名为龙山文化，全国的考古工作者针对龙山文化的面貌及来龙去脉，在山东地区进行了大量考古挖掘、探查和研究命名工作，发现了数千个史前遗址及众多文物。其中，已列入全国、省级重点文物保护单位的遗址有60余处。在考古挖掘和探索研究中发现，山东的考古文化是一脉相承而自成系统的，龙山文化是在大汶口文化基础上发展形成的，而非外来的，这进一步说明中华文明的起源之地是多元的，有几个重点区域尤为重要，山东即为中华文明最早发源地之一。著名考古学家夏鼐先生在其《中国文明的起源》中说：“黄河流域是早期文化发展的一个中心，长江下游是另一个中心，山东地区文化的发展自有序列，是与黄河中游相对的另一个文化圈，这三个地区的晚期新石器文化与中国文明起源关系最密切。”虽然这个结论所涉及的范围还可能在扩大，但山东地区是中国文明的起源地之一是不容置疑的。

二、追溯远古时代

山东是中华文化的重要根源地之一，在远古神话以及近年来与神话交互印证的考古成果中都有体现。司马迁所著《史记》，以五帝为中国

历史的起始点，将五帝之前都视为神话传说。从近代神话学的角度来看，没有文字的时代，历史事件常常以故事、传说、神话的形式口耳相传地保留下来，经过许多代人的转述之后，故事被描绘得丰富多彩，会与事实产生较大差距，但主要人物与故事主轴却还是有迹可循的，也是珍贵的历史资料，而与考古事实的印证之后，将为我们勾勒出远古历史的轮廓。

远古时代，山东一带是东夷部落群的根据地，东夷部落是与黄土高原华夏部落群并列的东方势力。他们所创造的文化，也就是近代所称的东夷文化，是人类最古老、最辉煌的文化之一，它又因其地理位置而被称为“海岱文化”。它相对于组成华夏文化的其他谱系来说，是处于高度领先地位的。早在大汶口文化时期，原始耕锄已经成为东夷地区社会经济的重要形式，此时的生产和生产工具均已专门化、定型化。东夷人已会种植多种农作物、饲养多种家畜，还会酿酒。他们能制作精美的石、骨、牙器具及烧制陶器，并独立自发地发明了纺织技术、象形文字和历法（山头纪历）、八卦占卜术等。到了龙山文化时期，东夷人在矿石冶炼和金属加工方面又取得较高成就，已能够生产黄铜器皿和铁器。学术界公认，龙山文化是东夷海岱文化的鼎盛时期，它遥遥领先于同时代的其他地域文化。

东夷文化的主要发源地在鲁中泰沂山区，在长达几十万年的漫长进化过程中，东夷人逐渐由山岭移居平地。东夷民族的新石器文化，目前已确定的是“北辛文化”“大汶口文化”“山东龙山文化”三个前后相连的阶段。

北辛文化时期，原始农耕已有所发展，磨制的石器日渐精细，有村落和半地穴式圆形房屋的建筑，表明东夷人已经开始定居式生活。多种类型的泥条盘筑陶器大量出土，也可以印证东夷人熟食技术的进步和饮食结构的改善。这点对促进人体的进化和文化创造的多层次、多角度展开具有划时代的意义。

大汶口文化是东夷文化的发展阶段，大汶口文化的陶器制作格外高明，最具代表性的器物是鸟造型的袋形三足陶，这种器物一向被认为是东夷文化的“标准化石”。它的主要用途不是炊煮，而是作为祭器，把它与黑陶高柄杯等组合起来看，可以窥见东夷民族以宗教祭祀为核心的礼乐文化之早熟。大汶口的玉器制作、雕刻和雕塑艺术也是相当发达的，可以形象地再现当时东夷民族社会手工业的发展状况。龟甲的出土，则反映出东夷部落起源久远的占卜之风。从遗址看，方形或者长方形房屋的建筑形式大致定型，不仅有众多的村落遗址，而且还出现了大规模聚落中心，近年还在鲁西发现了大汶口文化时期的城基遗址。种种因素表明，到龙山文化时期，古老的氏族制度将接近它历程的终点，文明社会的曙光已灿然可见。这些都表明大汶口时期文明的发展已经相当成熟。

龙山文化泛指黄河中下游地区新石器时代晚期的一类文化遗存，因首次发现于山东章丘龙山镇而得名，在山东的寿光、章丘、邹平、临淄、阳谷、五莲、日照等地也都有城址发现。龙山文化不仅有发达的农业，而且手工业都达到时代的顶峰。龙山文化遗址发现之多之密集，出土文物内涵之丰富多彩、价值之高，非常罕见，特别是他们创造的驰名世界的“龙山黑陶”，薄胎蛋壳陶薄如纸、明如镜、黑如漆，还饰以精细的花纹图案。黑陶是在烧造过程中采用渗碳工艺制成的黑色陶器。龙山黑陶分有细泥、泥质和夹砂三种，以细泥薄壁黑陶的制作水平最高，胎壁厚仅0.5～1毫米，表面乌黑发亮，故有“蛋壳黑陶”之称。纹饰一般比较简单，仅以磨光透亮的光泽作为器皿的主要装饰内容，与黑色有机结合，使黑陶显出秀美韵致的风格。黑陶的造型品种除了尖底瓶、罐、盆等外，还出现了鬲、豆、杯、鼎等品种。这种黑陶是精美绝伦的艺术品，工艺登峰造极，连现代人也难以企及，以致“黑陶文化”曾一度成了龙山文化的代称。

东夷部落文化无可置疑地证明了它是中国远古集群文化和地域文化中最古老最成熟的一支，曾在中华民族共同体的形成上扮演举足轻重的角色。

三、城子崖遗址的文化意义

城子崖遗址，是中国史前城址的首次发现。它的发掘，在中国考古学史上具有开创性的意义，由此揭示出来的龙山文化，对于认识和研究中国的新石器时代文化起了巨大的推动作用。

保护“活化石”，承接民族记忆。在文化部、山东省政府主办的第三届中国非物质文化遗产博览会上，龙山黑陶的制作技艺项目收获好评如潮。

在龙山街道黑陶创作工作室中，传统炭火窑刚出几件精品，窑温犹存。雕刻工人正细致地为泥胎做抛光、打磨、雕花处理。从选泥到花样再到雕刻塑形，全程手工制作，世界上没有两件一模一样的黑陶。经多年研究，黑陶制作融合现代喷绘、金丝镶嵌等现代工艺，传统工艺与现代审美结合，创新出更广泛的艺术表达形式。在传承中求创新，在创新中求发展，目前，黑陶俨然发展成为当地产业，带动从业者致富。

儒、道、墨、法、兵、阴阳、农、医等思想学派百家荟萃；孔子、孟子、孙子、孙膑、墨子、鲁班、王羲之等历史文化名人烁古耀今；面对因文化堆积而隆起的地面，面对散落在地上历经几千年的陶片，我们心中总萌动着一种莫名的情愫，千年的沧桑，千年的沉寂，那深埋地下的古遗址，不仅是历史的见证，也是远古的呼唤。文化产业化发展是富民之路，也是文化传承的创新路径，应积极推进文化资源、资产、资本的良性循环，大力发展文化产业，实现文化产业竞争力、带动力、发展力的新提升。

头脑风暴

1. 说说曲阜的“三孔”。
2. 为什么说齐鲁地区为中华文明的最早发源地之一？
3. 如何理解城子崖遗址的现代价值意义？

参考文献

1. 高文麒. 山东齐鲁文化［M］. 北京：经济科学出版社，2014.
2. 逄振镐. 齐鲁文化研究［M］. 济南：齐鲁书社，2010.
3. 郭素森. 齐鲁文化与职场智慧［M］. 北京：中国文史出版社，2013.

政治大腕

历史上山东从没有出现过正儿八经的皇帝，齐、鲁两国的立国之君顶多是个诸侯，但山东却培养出大量的宰相、名将和皇后。他（她）们在政界纵横驰骋，建立了彪炳丹青的千秋功绩，成为齐鲁文化不可或缺的重要组成部分，在中华历史上占有一席之地。

这些古代政治精英的政治主张与治国之道同样具有重要的现实意义，在党的二十大报告中，习近平总书记站在坚持和发展马克思主义必须同中华优秀传统文化相结合的高度，深刻指出：中华优秀传统文化源远流长、博大精深，是中华文明的智慧结晶，其中蕴含的天下为公、民为邦本、为政以德、革故鼎新、任人唯贤、天人合一、自强不息、厚德载物、讲信修睦、亲仁善邻等，是中国人民在长期生产生活中积累的宇宙观、天下观、社会观、道德观的重要体现，同科学社会主义价值观主张具有高度契合性。实现中华民族伟大复兴是新时代党的历史使命，我们要坚持马克思主义观点，古为今用，吸收和创造中国传统政治文明成果，为建设中国特色社会主义事业而服务，为实现中华民族伟大复兴而努力奋斗。

通过本章学习，你将对齐鲁历史上耳熟能详的众多政治名人有较为全面的了解，从这些政治名人波澜壮阔的人生经历中汲取治国理政的理念和思维并得到新的启示。虽相隔千百年，你仍能感受到他（她）们的政治风采与人格魅力。

第一节　集大德大功大治于一身——周公旦

开中华文明时代，兴礼乐征伐制度。自春秋以来，周公被历代统治者和学者视为圣人。“周公吐哺，天下归心。”周公精神，千古流传。孔子推崇周公，向往周公的事业，盛赞周公之才，赞叹“周公之才之美”，“甚矣吾衰也！久矣吾不复梦见周公”。

一、人物生平

周公（生卒年不详），姬姓名旦，亦称叔旦。周文王姬昌第四子，周武王姬发的弟弟，由于被分封在周地，所以人们称其为周公或周公旦。他是西周开国元勋，杰出的政治家、军事家、思想家、教育家，“元圣”、儒学先驱。周公辅助武王灭商，周武王去世后，成王年龄尚小，由周公摄政当国。平定三监之叛后，他将王室宗亲、开国功臣分封至各地建国，以此为拱卫周天子的屏障。他营建成周（东都洛邑），制定礼乐制度，还政成王，在巩固与发展周朝统治上起了关键作用，对中国历史的发展产生深远影响。

二、历史成就

（一）辅武王伐纣

文王姬昌时期已开始扩展国土，并在丰水西岸建立丰邑，以便东进伐纣。武王和周公帮助他们的父亲奠定了灭掉商朝的基础。武王讨伐暴君商纣王，纣王发兵抵挡，结果纣军因不满纣王统治，掉头冲杀，纣王溃败。纣王登上鹿台，自焚而死。第二天，周公把大钺，召公把小钺，站于周武王左右，向上天和殷民宣布商朝灭亡，周朝取而代之，武王为天子。

商朝结束，关于如何对待殷商奴隶主和上层贵族，武王左右为难。他首先问姜尚，姜尚说：“我听说过，爱屋及乌。如果相反，恨乌及屋。”他的意思是灭殷纣后，连曾经的殷人也不要保留，以防止留下余孽。武王不同意，又找召公商量。召公说：“有罪的杀，没罪的留。”武王说：“不妥。”武王再问周公，周公说：“让他们在自己的地方生活，争取其中有影响有仁德的人。”周公这种给人以生路、分化瓦解矛盾的政策，深得武王的赞许。

（二）周公东征

纣王死后，为加强对殷民的控制，巩固中原地区的统治，周武王将商纣的儿子武庚封于商都，并将商都周边的地方分为卫、鄘、邶三个区，由武王之弟管叔、蔡叔、霍叔统治，总称三监，目的是监视武庚，防止叛乱。

灭商后不久，武王因劳累生病而亡，儿子成王即位。成王年幼，于是周公辅佐成王执掌政事。周公、管叔等都是武王的弟弟，管叔的排行还在周公之前，因此对于周公执政，管叔和群弟意见很大，于是诬陷周公：“公将不利于孺子（成王）。”为争夺权力，管、蔡与早有复国野心的武庚沆瀣一气，并联合东夷叛乱反周，局势严重威胁到周王朝的安全。

内外夹攻的局面，使周公处境困难。他首先说服太公望和召公奭以稳定局面，他说：“我之所以不回避困难形势而称王，是担心天下背叛周朝，否则我无颜回报太王、王季、文王。三王忧劳天下已经很久了，而今才有所成就。武王过早地离开了我们，成王又如此年幼，我这么做是为了复兴周王朝。”周公统一内部意见之后，第二年举行东征，讨伐叛军，并在讨平三监后，乘胜向东方进军，灭掉了奄（今山东曲阜）等50多个国家，从此西周的势力延伸到海边。

（三）封邦建国

平定三监之叛后，如何统治被征服地区是取得战争胜利后的大问题，旧的氏族首领不能再用，必须分封周王朝中最可信赖的成员。周公建议成王迁都洛邑（今洛阳），并主持修建，称成周。定都洛邑后，他开始实行封邦建国的方针。他先后建置71个封国，将亲族与功臣封到封国做诸侯，作为捍卫王室的屏藩。另外在封国内推行井田制，将土地统一规划，巩固和加强周王朝的经济基础。

（四）让位成王

周公摄政的第七年，他把王国治理权彻底交回给成王。在西周危难的时候，周公不惧困难挺身而出，承担责任；当国家转危为安、顺利发展的时候，他毅然让出权力，这种忠义精神始终被后人称颂。周公让位后并没有放手不管，而是不断向成王提出告诫，最有名的是《尚书·无逸》，集中表达了不要贪图安逸的劝谏。

周公还政三年之后，在丰京养老，不久得了重病，死前他说：“我死之后一定葬在成周（即洛邑），向天示意要臣服于成王。”在他死后，成王欲按其言安葬，结果天降雷雨，成王便将周公葬于文王墓地，以示不敢以周公为臣。

儒家学派把周公的人格典范作为最高规格，把周初的仁政作为最高政治理想，孔子终生倡导周公的礼乐制度。

三、主要思想

（一）敬天保民

为了维护周王朝的统治，巩固国家政权，西周初期周公旦就倡导“敬天保民”的思想。首先，他提出了“惟命不于常”（《康诰》）的观点。所谓命，即上帝所赐予的天命不是固定不变的，上天并不永远保佑某一个王朝的统治，他在《多士》中说“有夏不适逸”，认为夏的灭亡是因为统治者放纵了自己的行为而骄奢淫逸，天便命令商朝先祖成汤消灭了夏朝。一方面论证了周人灭商顺天应人的理性，另一方面把天命引向了人事，在天命的旗帜下说明了民众在朝代更替、政治兴亡中的作用。其次，他提出了敬从天命，怀保小民的思想，即施行德政，以争取民心，取得老百姓的爱戴。因此，他反复告诫群臣弟子，不能贪图安逸，沉洒于田猎、游玩，必须勤于国事，同时还要体察民情，对民众的疾苦不能不闻不问，特别对孤寡老人要多加照顾。

（二）明德慎罚

周公鉴于殷代统治者滥施惩罚而招致民怨民叛的经验教训，提出“明德慎罚”，即德为根本，罚是补充。统治者不能随心所欲地使用刑罚，要依据成法成典用刑，同时用刑要注意犯罪者的态度。如果人有小罪，但他不反省，不认罪，不悔改，即使罪行不重，也必须把他杀掉。反之，一个人犯了大罪，但有认罪悔改表现，且又不是故意的，便可以饶恕不死。同时，周公还强调刑法和用刑要使民心诚服，这也体现了周公重视民众的思想。

（三）制礼作乐

周公在结合周族原有的习惯，损益夏商旧礼，制定出一套调整宗法人伦制度和行为规范体系，制礼作乐的核心是建立宗法等级秩序。周初的礼乐是沿袭夏、商而来的，西周建立后，以周公为首的西周贵族陆续加以厘定、增补、汇集、渐渐成为法定的制度，主要包括裘服、爵、溢、田制、刑罚和世袭制，以及官室乐舞礼仪等内容。

四、典故轶事

（一）周公吐哺

“周公吐哺，天下归心。”鲁国的第一任国君是伯禽，周公没有去封国做国君。周公派长子伯禽去管理鲁地时，教导他说：“在全天下人中我的地位不算低，但我却洗一次头要三次握起头发，吃一顿饭会三次吐出正在咀嚼的食物，起来接待贤士，这样还怕失掉天下贤人。到鲁国之后，你不可因地位高而骄慢。”周公礼贤下士，知人善任，后遂以“周公吐哺”来形容为政者求贤若渴的品德。习近平总书记在二十大报告讲到，要建设堪当民族复兴重任的高素质干部队伍。全面建设社会主义现代化国家，必须有一支政治过硬、适应新时代要求、具备领导现代化建设能力的干部队伍。坚持党管干部原则，坚持德才兼备、以德为先、五湖四海、任人唯贤，把新时代好干部标准落到实处……周公吐哺之典范为后世为政者提供了榜样的力量和学习的楷模，广大的青年学生也应借鉴和弘扬周公的精神品质，以天下为己任，夙夜为公，奋进新征程，建功新时代。

（二）周公解梦

《周公解梦》是流传在民间的解梦之书，是后人借周公之名而著。书中列举种种梦境，并针对梦预测吉凶。周公与解梦其实没有多大关系，孔子经常梦到周公，由此可以看出孔子对周公的崇敬之情。孔子以“吾不复梦见周公”之言，隐喻周代礼仪文化的失落。孔子说“周监于二代，郁郁乎文哉，吾从周。”汉初大思想家贾谊评价周公曰：“文王有大德而功未就，武王有大功而治未成，周公集大德大功大治于一身。孔子之前，黄帝之后，于中国有大关系者，周公一人而已。”周公是我国历史上一位杰出的政治家，他在总结借鉴夏商二代的经验教训的基础上完善了国家制度，实现了开明政治，被作为统治阶级中的理想人物。在巩固与发展周朝统治上起了关键作用，对中国历史的发展产生了深远影响。

第二节 春秋第一相——管仲

人们也许都知道“管仲相桓公”的故事，但你知道管仲是怎样“相”桓公的吗？管仲的一生，不仅建立了彪炳史册的丰功伟绩，而且给后世留下了一部以他的名字命名的学术巨著——《管子》。

一、人物生平

管仲（前723年～前645年），姬姓，管氏，名夷吾，字仲，谥敬，颍上（今安徽省颍上县）人。中国古代著名经济学家、哲学家、政治家、军事家。春秋时期法家代表人物，管仲的祖先是周穆王的后代，与周王室同宗。

（一）早年经历

管仲的祖先是姬姓的后代，管仲的父亲管庄是齐国的大夫，后来家中发生变故，生活陷入贫困。为了谋生，他与鲍叔牙一起做生意，成为当时地位微贱的商人。他曾从军，作战的时候临阵脱逃过，几经曲折。他社会经历丰富，为以后进行改革积累了宝贵的经验。

（二）辅公子纠

公元前674年，齐僖公驾崩，太子诸儿即位，即为齐襄公。太子诸儿因居长而即位，但品质卑劣，国中老臣深为齐国前途忧虑。当时，管仲和鲍叔牙是好友，分别辅佐公子纠和公子小白。不久，齐襄公因乱伦丑事醉杀鲁桓公，具有政治远见的管仲和鲍叔牙感到事态严重，所以他们都替自己的主子想方设法找出路。管仲和召忽保护公子纠逃到鲁国，鲍叔牙陪公子小白逃到齐国的南邻莒国。公子纠和公子小白都在静观事态的发展，伺机而动。

齐襄公十二年（前686年），齐国爆发内乱。齐襄公的叔伯兄弟公孙无知由于特殊权力被废除，勾结大夫叛变，杀死齐襄公，自立为国君。公孙无知在位仅一年有余，便被齐国贵族杀死，一时齐国无君，一片混乱。齐国大夫商议立新君，齐国大夫高傒派人去莒国请公子小白回国，同时，鲁庄公立即派兵护送公子纠回国。管仲护主心切，自请刺杀公子小白，一箭射中他的铜制衣带勾，公子小白急中生智装死倒下，管仲以为刺杀成功，回鲁国报捷，公子纠于是在鲁军护卫下慢慢回国。而公子小白与鲍叔牙日夜兼程，比公子纠先到达齐国，加上有齐大夫高傒的拥护，顺利地登上君位，这就是历史上有名的齐桓公。

（三）担任国相

齐桓公即位后，急需找到有才干的人来辅佐，因此准备请鲍叔牙出任齐相。鲍叔牙诚恳地对齐桓公说："我是个平庸之辈，要想把齐国治理富强，我的能力不行，还得请管仲。"鲍叔牙谏请齐桓公化干戈为玉帛，指出当时管仲射国君是因护主心切，若现在赦免其罪而委以重任，他一定会像忠于公子纠一样为齐桓公效忠。

经鲍叔牙的举荐，齐桓公在一个吉祥的日子用隆重的礼节迎接管仲，以此表示对管仲的重视和信任，同时让天下人知道自己的贤达大度。之后，管仲向齐桓公系统地论述了治国称霸之道，齐桓公的全部问题都迎刃而解。不久齐桓公拜管仲为相，主持政事，并称管仲为仲父。

二、历史成就

（一）助齐称霸

齐桓公五年（前 681 年），管仲建议齐桓公与宋、陈、蔡、郑等国商讨安定宋国之计。但此次会盟遂国（今山东肥城南）邀请后没有参加，管仲就提议出兵把遂国灭掉。这样一来，提高了齐国的威望。后来不服从齐国的遂、谭两国又被消灭。齐桓公六年（前 680 年），鲁、宋、陈、蔡、卫都先后屈服齐国，这时只有郑国还在内乱。管仲建议齐桓公联合宋、卫、郑三国，又邀请周王室参加，出面调解郑国内乱，齐桓公七年（前 679 年），齐、宋、陈、卫、郑又在鄄会盟，自此齐桓公成为公认的霸主。

（二）葵丘之盟

齐桓公三十五年（前 651 年），周惠王去世。齐桓公会同各诸侯国拥立太子郑为天子，这就是后期的周襄王。周襄王即位后，召集各路诸侯大会于葵丘举行受赐典礼。在受赐典礼上，周襄王言齐桓公年老德高，不必下拜受赐。齐桓公本想听从王命，但管仲从旁进言道："周王虽然谦让，臣子却不可不敬。"齐桓公于是答道："天威不违颜咫尺，小白敢贪王命，而废臣职吗？"说罢，只见齐桓公疾走下阶，再拜稽首，然后登堂受胙。众诸侯见此，皆叹服齐君之有礼。齐桓公又重申盟好，订立了新盟。这就是历史上有名的“葵丘之盟”。

三、主要思想

二十大报告指出“坚持深化改革开放。不断彰显中国特色社会主义制度优势，不断增强社会主义现代化建设的动力和活力，把我国制度优势更好转化为国家治理效能。”“我们以巨大的政治勇气全面深化改革”“许多领域实现历史性变革、系统性重塑、整体性重构”“中国特色社会主义制度更加成熟更加定型，国家治理体系和治理能力现代化水平明显提高”。这充分说明改革的必要性，1978 年召开的党的十一届三中全会，实现了新中国成立以来党的历史上具有深远意义的伟大转折，开启了改革开放和社会主义现代化建设新时期，成功开创中国特色社会主义新时期。

中国古代也有过多次像改革开放一样利国利民的改革，例如春秋战国时期的管仲改革，这是真正称得上“第一场变法”的齐国管仲变法。管仲为齐相后，在经济、政治、文化、军事、外交进行了一系列改革，不仅助推齐国富国强兵，促使齐桓公成为了春秋时期第一位霸主，而且对后世还产生了很大的影响。

（一）行政方面

划分和整顿行政区划和机构，把国都划分为六个工商乡和十五个士乡，共二十一个乡，其中十五个士乡是齐国的主要兵源。齐桓公自己管理五个乡，上卿国子和高子各管五个乡。把国政分为三个部门，制定三官制度。官吏有三宰。工业立三族，商业立三乡，川泽业立三虞，山林业立三衡。郊外三十家为一邑，每邑设一司官。十邑为一卒，每卒设一卒师。十卒为一乡，每乡设一乡师。三乡为一县，每县设一县师。十县为一属，每属设大夫。全国共有五属，设五大夫。每年初，五大夫把属内情况向齐桓公汇报，由齐桓公督察其功过。于是全国形成统一的整体。

（二）军事方面

强调寓兵于农，将保甲制和军队组织紧密结合在一起。每年春秋以狩猎来训练军队，提高军队战斗力。同时规定全国百姓不准随意迁徙，一乡有十连，一连有四里，一里有十轨，一轨有五家，五家为一轨，这就是“伍其鄙”，轨中的五家因世代相居处在一起，利害祸福相同，所以“守则同固，战则同强”，能够做到：夜间作战，只要听到声音就能辨别出敌我；白天作战，只要看见容貌，大家就能认识。为了解决武器问题，规定若犯罪可以用盔甲和武器来赎罪。犯重罪，可用甲与车戟赎

罪；犯轻罪，可以用盾与车戟赎罪；犯小罪，可以用铜铁赎罪，这样可补充军队的装备不足。这是一种社会与军事相结合的战斗体制，亦为后来大规模的战争做了准备。

（三）经济方面

统一铸造、管理钱币，制定捕鱼、煮盐之法，鼓励与境外的贸易；实行粮食“准平”政策，即“民有余则轻之，故人君敛之以轻；民不足则重之，故人君散之以重”；提出“相地而衰”的土地税收政策，就是根据土地的好坏不同，来征收多少不等的赋税。这样使赋税负担趋于合理，提高了人民的生产积极性。

（四）外交方面

奉行“尊王攘夷”的外交路线。管仲辅佐齐桓公成就霸业的主要贡献就是“尊王攘夷”。所谓“尊王”，即尊崇周王的权力，维护周王朝的宗法制度；所谓“攘夷”，即对游牧于长城外的戎、狄和南方楚国对中原诸侯的侵扰进行抵御。“尊王攘夷”口号的提出实际上是借替周王朝行使权力的幌子来提高自己的地位。

四、典故轶事

（一）管鲍之交

管仲与鲍叔牙的友情很深。他俩曾经一起经商。赚了钱时，管仲总是多分给自己，少分给鲍叔牙，鲍叔牙从不和管仲计较。对此人们背地议论说，管仲贪财，不讲友谊。鲍叔牙知道后就替管仲解释，说管仲不是不讲友谊，是由于他家非常贫困。管仲参加战斗，但每次都从阵上逃回来。因此人们讥笑他，说管仲贪生怕死，没有勇敢牺牲的精神。鲍叔牙听到这讥笑后，向人们解释说，管仲逃跑是因为他家有年迈的母亲，全靠他一人供养。管仲多次想为鲍叔牙办事，不过都没有办成，甚至给鲍叔牙造成很多新困难。因此，人们都认为管仲没有本领，鲍叔牙却不这样看，他心里明白，管仲是个很有本领的人。事情之所以没有办成，是由于机会没有成熟。在长期交往中，他们两人结下了深情厚谊，管仲多次对人讲：“生我者父母，知我者鲍子也。”

（二）楚国购鹿

齐桓公把楚国看成称霸事业上的“假想敌”，每天都在琢磨如何削弱楚国实力。他问管仲：“楚国是一个强国，其人民精通格斗的技巧。我们要举兵讨伐楚国，恐怕力不从心。”管仲说：“大王您出高价购买楚国特产的鹿吧。”楚国活鹿的价格为八万钱一头，管仲让齐桓公派中大夫王邑带了二千万钱去楚国大肆搜购。

楚王听说了这件事情，对其宰相说：“金钱，是国家赖以生存的东西；鹿，不过是禽兽而已，楚国多的是。现在齐国出那么多钱来买我们不需要的东西，这是我们楚国的福气啊！赶快发布命令，让老百姓赶紧捕捉活鹿，尽快把齐国手上的钱换过来！”于是，老百姓都放下手头的农活，漫山遍野地去捕捉活鹿。

这个时候，管仲让大臣隰朋悄悄地在齐、楚两国的民间收购并囤积粮食。楚国靠卖活鹿赚的钱比往常多了五倍，齐国收购囤积的粮食也比往常多了五倍。

于是，管仲对齐桓公说：“好了，这下我们可以打败楚国了！”齐桓公问：“为什么？”管仲回答：“楚国上下忙于捉鹿误了农时，粮食不可能几个月时间就可以收割，楚国到时候一定会来收购粮食的。到时候我们封锁边境就行了。”齐桓公于是下令封闭与楚国的边境。结果楚国的米价疯涨，楚王派人四处买米都买不到。齐国派人运粮过来售卖，楚国五分之二的人都为粮食投降了齐国。楚国元气大伤，三年后向齐国屈服。

管仲去世后，后世尊称为“管子”，誉为“法家先驱”、“圣人之师”、“华夏文明保护者”、“华夏第一相”。梁启超也曾经评价，“春秋时代很难找一位政治家可以代表全部政治的，管仲似乎可以。”作为齐桓公的宰相，在他当宰相期间，实施了一系列的强国政策，使齐国成为春秋时期最富足、最强盛的大国，称霸诸侯。

第三节　齐国名相——晏婴

春秋时期的晏婴，是后世人们心目中智慧的化身，他的智慧充满幽默与灵动，在两千多年后的今天仍然闪耀着不朽的光芒。他忧国忧民，敢于直谏，在诸侯和百姓中享有极高的声誉。

一、人物生平

晏子（？—前500年），名婴，字平仲，齐国夷维人（今山东省高密），历齐灵公、庄公、景公三朝，齐景公时为齐国的国相，是春秋时期著名的政治家和外交家。

（一）灵公时期

晏婴原是齐国上大夫晏弱之子，晏弱病死后晏婴继任为上大夫，辅佐齐灵公。齐灵公二十七年，晋国伐齐战败后，灵公跑进临淄城。晏婴劝阻灵公，灵公不听。晏婴说：“我们国君太没有勇气了。”齐灵公还喜欢看女扮男装，为晏婴所谏止。

（二）庄公时期

齐庄公六年，齐庄公与崔杼的妻子棠姜私通，而且还把崔杼的帽子赏给别人，惹怒了崔杼。于是崔杼假意称病不上朝，齐庄公借探望崔杼的机会继续与棠姜私通。崔杼便买通齐庄公的宦官贾举将其关在院子里，不顾齐庄公的苦苦哀求，和他的手下将其杀死。晏婴听说后，不顾个人生命安危，独自闯入崔家，在齐庄公的尸体上脱掉帽子，捶胸顿足，不顾一切地扑在齐庄公的尸体上号啕大哭，崔杼的侍从欲想杀掉晏婴，但崔杼说："他是百姓所仰望的人，放了他，我能得到民心。"

（三）景公时期

齐景公非常重视和信任晏婴，国中的大小事情，都会向晏婴请教后才会定夺。一次，齐景公在渤海湾游玩的，侍者骑马飞奔报告景公说："大王，大事不好了，相国晏婴得了重病，眼看要死了。恐怕您赶不上看他最后一眼了。"齐景公听到这个消息后挑选了最好的驭手驾车和马匹回去，甚至在半路觉得马车跑的不够快，索性自己拿起鞭子赶起车来。这样跑了一阵子，齐景公还觉得不够快，这个时候他干脆跳下马车，徒步奔跑了起来。等回到京城以后，齐景公立刻马不停蹄地奔向晏婴的相国府，召御医前来为晏婴看病。

二、主要思想

（一）民本与礼治

中国文化整体上强调人的意义，以人为本。在晏婴的政治思想中，人本的因素十分明显。晏婴认为做事要为民着想，民是事业成功的基础。

以民为本，意思是要关心民众。齐景公时曾经十七天阴雨连绵，以致百姓缺少粮食。晏婴多次请求开仓赈民，景公都未答应。晏子为了打动景公，将自家的粮食发放给饥民，并以"免不得恤"为由辞官。景公只好答应开仓赈灾，并让晏子具体负责。晏子尽职尽责，使灾民顺利渡过难关。

以人为本，要知道人的作用。有一次，齐景公到了麦丘，问当地官员："你高寿啊？"该官员回答："我八十五岁了。"齐景公说："你真长寿啊！你要祝我像你这样长寿！"该官员就说："祝您比胡公静（古代传说中的长寿之人）更长寿，这是国家之福啊！"齐景公说："说得好啊！你再祝福一遍！"该官员说："祝您的子孙都像我一样长寿！"齐景公说："说得好啊！你再祝福一遍！"该官员又说："祝您不要获罪于百姓！"齐景公有点不高兴，说："百姓获罪于国君还有可能，哪有国君获罪于百姓的呢？"晏子听后进谏说："主公您错了，地位低的人有了罪，由地位高的人治罪；国君地位高贵，如果获罪于百姓，就像桀、纣两位暴君一样，会被百姓杀死。”齐景公说：“我错了。”于是把麦丘赏赐给这位官员作为他的封地。

以礼治国，重视礼的作用。齐景公铸造了一口大钟，召集群臣宴饮庆贺。晏子说：“没有祭祀祖宗就宴饮，这是失礼啊！”景公说：“礼有什么用啊？”晏子说：“礼是维系百姓的纲纪，乱了纲纪就要失去百姓；失去了百姓，是很危险的。”景公听后，依礼举行了祭祀。

（二）崇尚节俭，宽政爱民

《史记》记载晏婴崇尚节俭、宽政爱民。晏子推崇节俭不只是在嘴上，而是身体力行。晏子身为齐国的国相，主食只是脱去糠皮的小米，外加一点苔菜和鸟蛋，从不铺张浪费，每顿饭的量正好，刚好吃饱也不多余。晏子相齐三年，政治清明，百姓安乐。

晏子穿得也很简朴。他一件狐裘大衣穿了 30 年，平时穿的也是粗布衣服。齐景公认为，晏子身为宰相，衣服粗破有失官仪，就赏赐了他一件用狐狸腋下的白色毛皮制作的裘衣，一顶用豹子头部带花纹的皮制作的帽子，晏子坚辞不受。

晏子外出，乘坐的是驽马敝车。齐景公让人送给他一辆好的马车。晏子说自己乘驽马敝车并不是因为没有钱财，而是要身体力行，为百姓树立艰苦朴素的榜样，所以没有接受赏赐。晏子之所以要身体力行节俭，目的不是沽名钓誉，而是要树立节俭之风，减轻百姓的负担。

宽政爱民是晏子治国理民的重要原则。有一次，齐景公在出游途中看到饥民的死尸却不闻不问。晏婴进谏道：“国君不问饥民情况，不是为君之道啊。”他还提醒齐景公，如果一味从百姓那里榨取，给予百姓的恩惠很少，百姓的怨恨就会累积，因此要减轻百姓的徭役和赋税。

（三）任贤举能，赏罚分明

晏子认为人才是治理国家的根本。齐景公曾问晏子如何能够得到人才，晏子说：“不以华丽的辞藻来评定其德行，也不因为别人的赞美或诋毁来评判他的为人。官运显达时看他推举些什么人，官运不畅时看他不做哪些事；富裕时看他是否分钱财给人，贫困时看他是否取不义之财。上等人才难于请来，易于推辞而去；中等人才容易请来，也容易推辞而去；下等人才容易请来，难于辞去。如果能根据这些情况选拔人才，大概就可以了。”

晏子认为，国有“三不祥”：“夫有贤而不知，一不祥；知而不用，二不祥；用而不任，三不祥也。”晏子主张知贤、用贤、信任贤。他在相齐期间始终坚守这一原则，为齐国的稳定和发展做出重大贡献。晏子

还十分重视赏罚的作用，认为赏罚得当会带来生机，赏罚不当会带来危机。

三、典故轶事

（一）晏子使楚

晏子到楚国出使，楚王嘲笑晏婴身材矮小，就命人在大门旁边开了个小洞，请晏子从小洞进去。晏子知道楚王要戏弄他，严词加以拒绝。他说："到了'狗国'，才走狗洞，我现在是出使楚国，不应该走狗洞。"招待晏子的官员只好请晏子从大门进去。

晏子进去拜见楚王。楚王故意问："齐国为什么派你做使臣？齐国没人了吗？"晏子回答说："齐国首都临淄住满了人，人们把袖子举起来，可以遮住太阳；甩一把汗，就是一阵雨；街上行人肩膀擦着肩膀，脚尖碰着脚跟，怎么说齐国没有人呢？"楚王接着问："既然如此，那么为什么派你出访呢？"晏子答："我们齐国派使节出访很有讲究，精明能干的人，就派他们出使那些道德高尚的国家；愚蠢无能的使臣，就派他们出使那些不成器的国家。我是使臣中最愚蠢、最无能的人，所以就派我出使楚国。"晏子的话让本打算要戏弄他的楚国君臣们无言以对，吃了个哑巴亏。

（二）南橘北枳

晏子出使楚国，楚王请晏子喝酒，喝得正高兴的时候，两名小官绑着一个人来到楚王面前。楚王问道："这绑着的人怎么了？"小官回答说："这人是齐国人，犯了偷窃罪。"楚王看着晏子问道："齐国人擅于偷东西的吗？"晏子离开座位施礼答道："我听说淮南的柑橘又大又甜；种到淮北，就只能结又小又苦的枳，叶子相似，果实味道却完全不同，还不是因为水土不同吗？同样的道理，齐国人在齐国安居乐业，好好地劳动，一到楚国，就做起窃贼来了，莫非楚国的水土使百姓善于偷东西？"楚王笑着说："圣人是不能同他开玩笑的，我反而自讨没趣了。"

（三）死马杀人

一次，齐景公心爱的一匹马暴毙，齐景公大怒，下令把养马的人肢解。晏婴上来制止，对齐景公说："杀人总得有个方法，请问尧舜肢解人的时候，从身体的什么部分开始？"尧舜是传说中的仁君，不会因为一匹马而杀人，自然也没有肢解杀人之法，齐景公知道晏婴的意思，就说："那就不肢解，把他交给狱官处死吧。"晏婴又对齐景公说："这个人的确该死，但是他还不知道自己犯了什么罪，请让我说说他的罪状，让他死个明白。"齐景公说："好啊。"晏婴就开始列举养马者的罪状：

“你犯了三条大罪：国君让你养马，你却把马养死，这是一大死罪；所死之马又是国君最喜爱的，这是第二大死罪；因为你养死了马而使国君杀人，百姓听说之后一定会怨恨国君，诸侯听说之后一定会轻视我国，这是第三条死罪。今天处死你，你知罪吗？”齐景公喟然而叹说：“请您把他放了吧，免得伤了我的仁爱之名！”

晏子一生经历了齐灵公、齐庄公、齐景公三世，他重社稷轻名利，懂得权宜变通，对内勤政爱民，消除隐患，机智进谏多次救百姓于危难，对外维护国家的利益和尊严，出使不辱使命。博得了“管晏”合称的美誉。孟子曾曰“管仲以其君霸，晏子以其君显。”他的政治品格更是后人学习的典范。

第四节　首位真正掌握国家命脉的“女皇”——吕雉

吕雉，是中国历史上杰出的女性统治者，掌权达 16 年，与武则天、慈禧齐名。

一、人物生平

吕雉（前 241 年—前 180 年），字娥姁，单父县（今山东菏泽单县）人，汉高祖刘邦的皇后，高祖死后被尊为皇太后，是中国历史上有记载的第一位皇后和皇太后，后世称吕后，或称汉高后、吕太后等。吕雉是秦始皇统一中国、实行皇帝制度之后第一个临朝称制的女性。

（一）下嫁刘邦

吕雉嫁给刘邦时，刘邦只是沛县泗水亭长。吕雉本来随其父吕公住在单父县，后因躲避仇家迁居沛县。吕公和沛县县令关系极好，沛县的官员为巴结上司，纷纷前去祝贺吕家乔迁之喜。主吏萧何负责排定宾客的座次，他把贺礼不到一千铜钱的都安排坐在堂下。亭长刘邦根本就没带钱来，却宣称“贺钱一万”。吕公亲自出迎，见到刘邦觉得他将来定是个大人物，因此引入上席就座。

宴会进行了一段时间后，吕公对刘邦说：“我很会看面相，但是从没看过像你这么相貌不凡的，我有个女儿（即吕雉），希望你愿意接受她当你的妻子。”事后吕公的妻子吕媪很生气，说：“你以前说你这个女儿一定能嫁个非常显贵的丈夫。沛县县令对你这么好，你还不肯嫁女儿，现在居然要把她嫁给刘邦？”吕公说：“这不是你们女人家能懂的。”

吕雉出嫁之时还有一个非常难办的问题，即刘邦已经有了一个非婚生的儿子刘肥。不到二十岁的吕雉嫁给了大她十五岁的中年亭长刘邦，而且，刘邦虽然没有正式结婚，却有了一个未婚生育的儿子。在刘邦发迹之前，吕雉对刘肥没有任何苛刻之举，这在当时的环境下实属不易。

吕雉早年称得上是温柔贤淑的女人，初嫁给刘邦时，生活拮据，刘邦时常为了公务不能回家，吕雉便亲自从事农桑针织，孝顺父母，过着自食其力的生活。刘邦一次执行公务押解囚犯去骊山服役，因醉酒而使囚犯逃跑，只好亡命至芒砀山下的沼泽地。吕雉除独立支撑家庭外，还不时长途跋涉，为丈夫送去衣物及食品。吕雉为刘邦生下一儿一女，即后来的汉惠帝刘盈和鲁元公主。

（二）颠沛流离

秦末农民起义爆发，刘邦也领导义军起事。公元前 206 年（汉元年），刘邦被项羽封为汉王。同年八月，刘邦出兵夺取关中，灭秦，与项羽争天下。彭城之战中，汉军大败，吕雉等刘邦的家属为楚军所俘。直到公元前 203 年 9 月楚汉议和后吕雉等方被放回。

（三）夺嫡风波

好不容易才回到刘邦身边的吕雉却发现刘邦身边早已有了戚夫人。待刘邦取胜，汉朝建立，戚夫人恃宠而骄，经常在汉高祖面前哭闹（史载达到“日夜啼泣”之地步），意欲让自己的儿子赵王如意成为太子。而刘邦在公元前 205 年 6 月即已立吕雉之子刘盈为太子，于是刘邦欲以刘盈仁弱“不类我”而“如意类我”为由，改立如意为太子。周昌、叔孙通等朝中大臣都坚决反对废长立幼。

面对此状况，吕后向张良问计。张良对吕后的哥哥吕泽说：“陛下在战争困难的时候能够听我的意见，但是，立太子之事是陛下的家事，他不一定听我的。陛下非常看重商山四皓，却始终请不来，因为他们认为陛下对臣下态度傲慢。如果你们想办法把商山四皓请来辅佐太子，特别是在上朝之时陪伴太子，也许会有用。”吕后立刻派吕泽让人带太子的亲笔信请商山四皓出山，这四位高士竟然全来了。

一次朝宴时，刘邦发现太子身边有四位八十多岁的老人，一问才知是商山四皓，刘邦大惊：“我请了你们多年，你们一直避开我，却为什么会同意辅佐我的儿子呢?”商山四皓回答：“陛下轻视读书人，又爱骂人，我们不愿受辱。如今听说太子仁孝恭敬，爱护天下读书人，天下人都愿意效忠太子，所以我们来了。”刘邦失落地说：“烦请诸位辅佐太子。”

散席后刘邦对戚夫人说：“我想更换太子，但是，想不到这四位高士都来辅佐太子了，太子的羽翼已经丰满，难以撼动了啊!”从此之后，刘邦再也不提废立太子之事。

（四）诛戮功臣

吕后性格刚毅，是汉室决策集团的重要人物。为巩固汉王权势，她开始杀人立威。第一个被她选中的就是已被废为淮阴侯并监视居住的韩信。她趁刘邦在外征战之际，与萧何一起用计除掉了韩信，从而成功震慑了其他功臣。不久，梁王彭越被刘邦废为庶人，削职流放蜀地，途中遇到吕雉，吕雉答应为他说情，将其带回长安。回来后她却对刘邦说：“你把彭越放走，等于放虎归山。”刘邦遂将彭越处死，并灭其家族。刘邦称帝八年间，吕后协助刘邦镇压叛逆、打击割据势力，对巩固汉朝统一政权起了重要作用，并为她日后掌权做了充分准备。

（五）执掌天下

刘邦去世后，刘盈即位为汉惠帝，因年轻，朝政由太后吕雉掌控。掌握大权后，吕雉对曾几次欲夺刘盈太子之位的戚夫人心怀怨恨。于是她先罚戚夫人做苦工，戚夫人私下唱歌叹息：“儿子为王，母亲为奴仆，终日舂米到薄暮，常常与死亡为伍！母子相离三千里，要找谁来告诉你?”吕雉听后大怒，毒杀赵王刘如意，并将戚夫人斩去手脚，戳聋双耳，挖掉双目，又以哑药将她毒哑，抛入茅厕之中，称为“人彘”，意为人中之猪。吕雉后来还叫刘盈来看，刘盈痛哭失声，命人对吕雉说：“这种事不是人能做出来的。儿臣是太后的儿子，没有办法治理天下。”从此汉惠帝不理朝政，吕后成为汉朝实际上的掌控者。

孝惠四年（公元前 192 年），吕雉立鲁元公主的女儿张氏为皇后。当时张氏仅 13 岁，且为刘盈的亲外甥女，刘盈虽然对此极为不满，但也无可奈何。

（六）临朝称制

公元前 188 年 8 月，刘盈忧郁病逝。吕雉听从宰相陈平的建议，拜吕台、吕产、吕禄为将军，统领南北二军，让吕家的人入宫，在朝廷执掌大权。吕雉立太子刘恭为帝，自己临朝称制，行使皇帝职权，朝廷号令一概出自太后，为中国太后专政的第一人。之后吕雉又封吕姓诸子为王侯，吕氏天下由此开始。

少帝刘恭略微懂事时，偶然听说自己的亲生母亲已经死了，自己并不是皇太后张氏的亲生儿子，就口出怨言，说：“太后怎么能杀死我的母亲却把我说成是自己的儿子呢？我现在还小，等长大后就报仇。”吕雉听说这件事以后很担心，害怕他将来作乱，于是废了刘恭的帝位，并暗中杀了他，改立常山王刘义为皇帝，改其名叫刘弘。

（七）吕后驾崩

公元前 180 年，吕雉病重，她临终前仍没有忘记巩固吕氏天下。她下令任命侄子赵王吕禄为上将军，统领北军，吕产统领南军，并且告诫他们："吕氏称王，刘氏和大臣们愤愤不平，很可能发生兵变。你们要牢牢掌握兵权，守住皇宫不要离开。"

吕雉终年六十二岁，与汉高祖刘邦合葬长陵。

吕雉死后，刘氏诸王果然群起发难，陈平、周勃响应，诸吕被杀，吕氏天下结束。

二、主要思想

（一）政治方面

（1）继续推行"与民休息"的国策，施行"无为而治"。

（2）鼓励生产。如公元前 191 年，诏令郡国免除徭役，来鼓励农民从事生产，又施行"减田租，复十五税一"。

（3）修改汉法。公元前 187 年，诏令"除诛三族罪，妖言令""减刑，颁布赎罪法"，制定"戍卒岁更"的制度。

（4）提倡勤俭治国，严厉治理铺张浪费的风气等。

（二）经济方面

继续重农之国策，有步骤地放宽经商政策。刘邦统治后期，下达抑商法令，但打击面过大，挫伤了商人的积极性，激化了社会矛盾。在惠帝即位后，吕雉在原来政策的基础上推行"为天下初定，复弛商贾之律"，解除商人在经济上的重负，改变对商人的社会性歧视。公元前 189 年，朝廷还"起长安西市"，使长安成为汉朝经济活动的中心，为长安后来成为当时的世界性大都市奠定了基础。在公元前 186 年和公元前 182 年，朝廷又分别采取"行八铢钱"和"行五分钱"的措施，运用国家权力对货币经济进行管理调控，对稳定币值、平衡物价和促进商品流通起到了积极作用。

（三）外交方面

吕后执政期间，遵循刘邦的政策，未对匈奴兴兵，而是采用了和亲的政策。

公元前 192 年，冒顿单于遣使者送来一封言词极为不敬的国书给吕后，上面写道："孤偾之君，……愿游中国。陛下独立，孤偾独居。两主不乐，无以自虞，愿以所有，易其所无。"吕后认为受到了奇耻大辱，大怒，欲出击匈奴。朝臣几乎众口一辞主张出兵攻打匈奴，只有中郎将季布指出，刘邦当年与匈奴之战最终未能取胜，不得已采纳刘敬的建议以和亲来换取汉初社会经济的恢复与发展；如今的汉朝军事势力依然不及匈奴，宜继续和亲。最终，吕后听从了季布的意见，赠单于车马作为礼物，并继续“以宗室女为公主，嫁匈奴单于”。这样，汉匈之间及时避免了一场战争之灾。

吕雉因为对戚夫人施行“人彘”酷刑而在民间留下极为残暴的丑陋形象，再加上她诛杀功臣韩信的狠毒行为，让人不寒而栗。强硬干练、当机立断，城府极深，视权如命是对她的形象刻画。但吕雉作为中国历史上第一个临朝的女性角色，她继承刘邦以萧规曹随的“无为之治”休养生息，鼓励生产、减免赋税，废除苛法，对稳定汉初的社会，推动汉初经济发展做了很大贡献，为后来的“文景之治”和汉武霸业，打下良好基础。司马迁在《史记·吕后本纪》中对她的评价是“政不出户，天下晏然；刑罚罕用，罪人是希；民务稼穑，衣食滋殖。”给予吕后施政极大的肯定。评价一个历史人物，既要看其人生活动是否推动了历史进程，也要以德的眼光对其品德进行公正的褒贬，从而做出全面客观的评价。即使从伦理道德的层面来看吕后的某些举措实为“劣迹”，当受谴责，但整体来看，她确实不失是一个值得肯定的历史人物。

第五节　唐初杰出名相——房玄龄

“山西出将，山东出相，陕西的黄土埋皇上。”山东出了名相管仲、晏婴、诸葛亮、王猛、王导等，又在唐朝初年出了一个良相典范——房玄龄。

一、人物生平

房玄龄（579—648 年），字乔（一说名乔，字玄龄），齐州临淄（今山东省淄博市临淄区北）人，是唐朝时的一位宰相。

（一）年少有为

房玄龄出生于官宦之家清河房氏。房玄龄自幼耳濡目染，颇承其父遗风。自幼聪慧，善诗能文，博览经史，精通儒家经书，又向父亲学得一手好书法，工草隶。十八岁时，齐州举进士，先后授羽骑尉、隰城县尉。隋文帝时，年少的房玄龄随父去京城，虽然看到一片祥和景象，但他却能透过现象看到本质，对世事有深刻分析。房玄龄私下对父亲讲：“文帝没有功德，通过诳惑百姓获得稳定。而且他不考虑国家长久之计，诸子嫡庶不分，荒淫无度，最终会导致国家混乱。虽然现在国家太平安康，但灭亡之日指日可待。”

（二）乱世投主

秦王李世民领兵过渭北时，房玄龄投靠其门下，任秦王府记室。房玄龄为报李世民伯乐之情，竭尽心力筹谋军中事务。每攻灭一方割据势力，军中其他人全力搜求宝物，唯独房玄龄四处寻访人才，并把他们荐于秦王李世民。因此，府中的谋臣猛将十分感念房玄龄的知遇之恩，尽死力报效。房玄龄在秦王府中十多年，一直掌管军谋大事。高祖李渊也对房玄龄叹赏有加，对侍臣讲：“此人深识谋略，足堪委任。每为我儿（世民）陈事，必会人心，千里之外，犹对面语耳。”后来太子李建成排斥秦王，将秦王府宫属驱斥外任，房玄龄与杜如晦也被赶出。“玄武门之变”前夕，李世民密召二人化装成道士入阁秘计，最终达成一致。唐武德九年（626 年），房玄龄参与“玄武门之变”的策划，帮李世民谋得帝王之位。唐太宗李世民论功行赏，以房玄龄、长孙无忌、杜如晦、尉迟敬德、侯君集五人功为一等，封房玄龄为邢国公。

（三）精诚奉国

贞观二年（628 年），房玄龄改封魏国公。房玄龄尽心竭诚，加之他明达吏事、法令宽平、任人唯贤、不分卑贱，被称为良相。贞观三年（629 年）二月为尚书左仆射，监修国史。贞观九年（635 年），房玄龄护高祖山陵制度，以功加开府仪同三司。贞观十一年（637 年）封梁国公。贞观十三年（639 年），加太子少师，留守京师。他任宰相十五年，女儿为韩王妃，儿子房遗爱娶高阳公主，身份显贵但为人低调，不炫人傲物。贞观十八年（644 年），李世民亲征辽东高丽，命房玄龄留守京城。

（四）与世长辞

贞观二十二年（648 年），房玄龄病重，唐太宗派名医为其医治，并亲临探望。房玄龄在临终之时还挂念国事，对诸子说：“当今天下清平，皇上多次东讨高丽，正为国患啊。圣上已做决定，臣下莫敢犯颜。若我知而不争，就会含恨而死啊。”于是他进谏，请求唐太宗以天下苍生为重，罢军止伐高丽。唐太宗感动地说：“此人病危，还能忧我国家，真是难得。”临终之际，唐太宗亲至其病床前握手诀别，立授房遗爱为右卫中郎将，房遗则为中散大夫，使其在生时看见二子显贵。房玄龄死后，唐太宗为之废朝三日，赠太尉，谥曰文昭，陪葬昭陵。唐著名书法家褚遂良于唐永徽三年（652 年）为房玄龄墓刻“房玄龄碑”。碑文两千余字，其中最为知名的一句话是：“道光守器长琴振音，方嗣虞风仙管流声。”虽然房玄龄一直告诫儿子们不要以地望凌人，切勿骄奢沉溺，并集汇古今圣贤家戒，亲书于屏风上，分给各房子嗣，说："如能留意上面的内容，足以保身成名。"然而他辞世后，"房遗爱谋反事件"使房玄龄一世忠贞毁于一旦，一代名相终为逆子恶妇所累，高阳公主被赐自尽，房遗爱被杀，诸子都作为刑徒流配岭南。房遗直因父亲之功，总算保得不死，除名为庶人。

二、典故轶事

"醋坛子"的由来跟房玄龄有关。高祖李渊、太宗李世民起兵前久居晋阳，"醋"成为唐宫必不可少的调味品，且因皇上爱吃，皇宫中储存了很多。唐太宗年间，宰相房玄龄惧内是出了名的。一日，唐太宗请开国元勋赴宴，酒足饭饱之际，房玄龄禁不得同僚的挑逗，吹了几句不怕老婆的牛皮，已有几分酒意的唐太宗乘着酒兴，便赐给了房玄龄两个美人。圣命难违，房玄龄收了两位美人，可一想到霸道的妻子，愁得不知怎么办才好。最后，尉迟敬德给他打气，说夫人再凶，也不敢把皇上赐的美人怎么样，房玄龄才小心翼翼地将两个美人领回家。不料，房玄龄的夫人一见他带回两个年轻漂亮的小妾，大发雷霆，指着房玄龄大骂，并操起鸡毛掸子大打出手。房玄龄只好将皇上赐的美人送出府。此事马上便被唐太宗知道了，唐太宗想压一压宰相夫人的嚣张气焰，便立即召宰相房玄龄和夫人问罪。

唐太宗指着两位美女和一坛"毒酒"对房玄龄夫人说："我不追究你违旨之罪，这里有两条路任你选择，一条是领回二位美女，和和美美过日子；另一条是喝了这坛'毒酒'，省得妒嫉旁人了。"房玄龄知夫人性烈，怕夫人喝"毒酒"，急忙跪地为夫人求情。李世民怒道："你身为当朝宰相，违抗圣旨，还敢多言！"房夫人见事已至此，看了看二女容颜，知自己年老色衰，一旦女子进府，自己势必不会消停，与其受气而死，不如喝了这坛"毒酒"痛快。于是房夫人举起坛子一饮而尽。房玄龄急得老泪纵横，抱着夫人大哭。众臣子却大笑起来，原来那坛子里装的并非毒酒而是晋阳清源的食醋。唐太宗见房夫人这样的脾气，叹了口气道："房夫人，莫怨朕用这法子逼你，你妒心也太大了。不过念你宁死也恋着丈夫，朕收回成命。"房夫人得到这个结果，心里非常高兴。从此，"吃醋"这个词便成了妒忌的代名词。

房玄龄佐李世民定天下．安社稷达三十二年之久，李世民称赞房玄龄说："汉光武得邓禹，门人益亲，今我有玄龄，犹禹也。"（《新唐书·房玄龄传》）房玄龄为李氏唐朝鞠躬尽瘁，成就了一代明君，也成就了一代盛世。

头脑风暴

1. 周公旦的事迹中哪一点令你佩服？给你什么启发？除了政治上的成就，你还知道周公旦在哪些方面的成就？

2. 管仲为什么被称为“春秋第一相”？管仲和鲍叔牙之间的友谊给你什么启发？

3. 晏婴的哪个故事最能打动你？为什么？你还知道关于晏婴的哪些小故事？

4. 吕雉的坚韧表现在哪些方面？你对吕雉的看法有什么改变吗？

5. 房玄龄有哪些过人之处？房玄龄的事迹对现代职场有什么启示？

参考文献

1.（西汉）司马迁. 史记·货殖列传［M］. 北京：中华书局，1982.

2.（东汉）班固. 汉书·匈奴传上.（唐）颜师古注［M］. 北京：中华书局，1982.

3.（东周）孔丘. 尚书·周书［M］. 北京：中华书局，2012.

4.（春秋）晏婴. 晏子春秋［M］. 北京：中华书局，2015.

5.（后晋）刘昫. 旧唐书·卷六十六［M］. 北京：北京时代书局，2015.

6.（西汉）司马迁. 史记·吕后本纪［M］. 北京：中华书局，1982.

7. 欧阳修、宋祁. 新唐书·卷九十六［M］. 北京：北京时代书局，2015.

思想圣人

齐鲁文化是华夏文明的重要根源，齐国举办的稷下学宫孕育了对中国历史影响极为深远的百家思想，儒家、道家、阴阳家、法家、名家、墨家、杂家、农家、小说家、纵横家在此激情辩论、发轫成熟，成为中国哲学思想的原点，经后世子孙不断传承发扬，为华夏文化发展做出了突出贡献。

二十大报告指出，坚持和发展马克思主义，必须同中华优秀传统文化相结合。只有植根本国、本民族历史文化沃土，马克思主义真理之树才能根深叶茂。山东是中华文化的发源地之一，历史上出现了许多深刻影响中华文化的伟大思想家。

通过本章学习，你将全面了解创立儒学、一直影响甚至主宰中国历史文化发展的孔子，儒家“二号当家人”——孟子，被各行业称为“鼻祖”的墨子，最受争议的荀子，以及杂糅百家的“丑女婿”——淳于髡。

第一节　中华文化思想的集大成者——孔子

孔圣人、孔孟之道、儒教、《论语》、“三孔”、曲阜、礼仪之邦、《春秋》、仁义道德……关于孔子的记忆太多。中国五千年文明史上，孔子及其思想一直占据着至高无上的地位。

一、人物生平

孔子（前 551—前 479 年），名丘，字仲尼，春秋时期鲁国陬邑（今山东曲阜东南）人，是“世界十大文化名人”之首中国著名的哲学家、思想家、教育家、政治家。孔子开创了私人讲学的先河，他主要的贡献在于奠定教育基础，他强调教育功能，主张“有教无类”，，中国儒

家学派的创始人。被后人尊称为“至圣先师，万世师表”。编撰了我国第一部编年体史书《春秋》。孔子的言行思想主要存在于语录体散文集《论语》及先秦和秦汉保存下来的《史记·孔子世家》当中。

（一）圣人降世

孔子父亲叔梁纥的正妻施氏，生了九个女儿却没有儿子，小妾为他生了长子孟皮，孟皮有足疾，受重男轻女思想影响深厚的叔梁纥很不满意。于是叔梁纥请求颜氏让她三个女儿之中的一个给他做妾，颜氏征求三个女儿的意见，长女和次女都不愿意，只有小女儿颜征在愿嫁叔梁纥。

颜征在当时不满二十岁，而叔梁纥已经六十六岁，年龄相差悬殊，两人为婚于礼不合，夫妻在尼山居住。孔子在鲁襄公二十二年十月（约公元前 551 年 9 月 28 日）申时在陬邑昌平乡诞生。孔子生而七漏，头顶凹陷，又因其母曾祷于尼丘山，故名“丘”，字“仲尼”。

（二）早年经历

孔子三岁的时候，他的父亲去世，随母亲到曲阜居住，生活艰辛。曲阜有浓郁的礼乐文化气氛，孔子幼年常常和小伙伴在一起玩与礼仪有关的游戏，受周礼的熏陶很深。后来为了谋生，他常为一些红白喜事做相礼。青年时期的孔子虚心好学，学无常师，曾向鲁国当时学识渊博的左太史学习。

孔子二十多岁的时候曾做过乘田、委吏等小官，管理过畜牧、曾库等。孔子在回忆这一段生活时曾说：“吾少也贱，故多能鄙事。”孔子小时候生活艰难，所以会干一些粗活。

孔子三十多岁的时候开始收徒讲学。颜渊、曾点、子路、伯牛等是他早期招收的学生。

（三）鲁国内乱

鲁昭公二十五年，鲁国发生内乱。鲁昭公被迫逃到齐国避难，孔子也离开鲁国，到了齐国。齐景公问政于孔子，孔子对曰：“君君、臣臣、父父、子子。”意思是君王要像个君王，臣子要像个臣子，父亲要像个父亲，儿子要像个儿子。孔子受到齐景公的赏识和厚待，甚至曾准备把尼溪一带的田地封给他，但被大夫晏婴阻止。

孔子返回鲁国后，“退而修诗书礼乐，弟子弥众”，从远方来求学的学生很多。孔子聚徒讲学，从事政治活动，五十岁的时候，由鲁国中都宰升任司寇。

（四）周游列国

孔子五十多岁时，迫于形势，离开鲁国，开始周游列国。孔子周游列国十三年，但是没有受到一位诸侯国君的重用。孔子六十八岁那年，齐师伐鲁，孔子弟子冉有率领鲁国的军队与齐军战斗，取得胜利。季康子问冉有的指挥才能从何而来，冉有答曰："学之于孔子。"季康子派人迎孔子回到鲁国，孔子周游列国至此结束。在这个过程中，孔子在政治上没有取得成功，但是进一步丰富和发展了儒家学说。

（五）晚年的孔子

鲁哀公十二年，孔子回到鲁国继续从事教育及整理文献工作，整理《诗》《书》《礼》《易》《乐》《春秋》。这一年冬天，孔子的儿子孔鲤去世，之后颜回也去世了，孔子十分悲伤。

鲁哀公十六年四月初四，子贡来见孔子，孔子拄杖依于门前。他责问子贡为何那么晚来见自己，叹息说泰山将要坍塌，梁柱将要腐朽折断，哲人将要如同草木一样枯萎腐烂。孔子流下眼泪，叹惜天下无道已经很久，没有人肯采纳自己的主张。

鲁哀公十六年四月十一日，孔子患病不愈而卒，终年七十三岁，葬于鲁城北泗水岸边。不少弟子为之守墓三年，唯独子贡为孔子守墓六年。孔子的故居改为庙堂，孔子受到人们的奉祀。

二、思想成就

（一）道德思想

孔子建构了完整的"德道"思想体系：在个体层面主张"仁、礼"之德性与德行。德道思想体系是以"性善论"为旨归，以人道与天道、地道相会通，人道中庸又适时之变为方法论的完整思想体系。

孔子的仁说体现了人道精神，孔子的礼说则体现了礼制精神，即现代意义上的秩序和制度。人道主义是人类社会永恒的主题，秩序和制度则是建立人类文明社会的基本要求。孔子的这种人道主义和秩序精神是中国古代社会政治思想的精华。

孔子晚年的最高理想为"大同"，在大同的世界里，天下人不止以自己的家人为亲，不止以自己的父母、儿女为爱，而是相互敬爱，爱天下所有的人。使老有所终，壮有所用，孩子们都能获得温暖与关怀，孤独的人与残疾者都有所依靠。没有欺诈，没有盗贼，路不拾遗，夜不闭户，人人讲信修睦，选贤举能，大道之行，天下为公。

（二）政治思想

孔子政治思想的核心内容是"礼"与"仁"。在治国的方略上，他主张"为政以德"，用道德和礼教来治理国家，这种治国方略也叫“德治”或“礼治”。这种方略把德、礼施之于民，严格等级制，把贵族和庶民分为治者与被治者，打破了贵族和庶民间原有的重要界限。

（三）经济思想

孔子的经济思想最主要的是重义轻利、“见利思义”的义利观与“富民”思想。这也是儒家经济思想的主要内容，对后世有较大的影响。

孔子所谓的“义”，是一种社会道德规范，“利”指人们对物质利益的谋求。在“义”与“利”两者的关系上，孔子把“义”摆在首要地位。他提倡“见利思义”，要求人们在物质利益的面前，首先应该考虑“义”。他认为“义然后取”，即只有符合“义”，然后才能获取利。孔子甚至在《论语·子罕》中主张“罕言利”，即要少说“利”，但并非不要“利”。《左传·成公二年》记载，干不符合道义的事而获得富贵，就如同浮云一样，不屑于用不义的手段取得富贵。孔子还认为，对待“义”与“利”的态度，可以区别“君子”与“小人”。有道德的“君子”懂得“义”的重要性，而缺乏道德修养的“小人”则只知道“利”而不知道“义”。这就是孔子在《论语·里仁》中说的“君子喻于义，小人喻于利”。

（四）教育思想

在二十大报告中提到，教育是国之大计、党之大计。培养什么人、怎样培养人、为谁培养人是教育的根本问题。育人的根本在于立德。全面贯彻党的教育方针，落实立德树人根本任务，培养德智体美劳全面发展的社会主义建设者和接班人。教育的重要性早在两千多年前就已经被人所知，孔子开创了私人讲学的先河，与新时代提倡的“坚持以人民为中心发展教育，加快建设高质量教育体系，发展素质教育，促进教育公平”不谋而合。

孔子在中国历史上最早提出人的天赋相近思想，认为个性的差异主要是由后天教育与社会环境影响导致的。他提倡“有教无类”，创办私学，广招学生，打破奴隶主贵族对学校教育的垄断，把受教育的范围扩大到平民，顺应了当时社会发展的趋势。他主张“学而优则仕”，他的教育目的是要培养从政的君子，而君子必须具有较高的道德品质修养，所以孔子强调学校教育必须将道德教育放在首要地位。

孔子在教学方法上主张“因材施教”和“启发式”，注重童蒙、启蒙教育。他教育学生要有老老实实的学习态度，要谦虚好学、时常复习学过的知识，以便“温故而知新”。

（五）人生观念

1. 安贫乐道

子曰："不义而富且贵，于我如浮云。"在孔子心目中，行义是人生的最高价值，在贫富与道义出现矛盾时，他宁愿受穷也不会放弃道义。但他的安贫乐道并不能看作是不求富贵，只求维护道，这并不符合历史事实。孔子也曾说："富与贵，人之所欲也；不以其道，得之不处也。贫与贱，人之所恶也；不以其道，得之不去也。""富而可求也，虽执鞭之士，吾亦为之。如不可求，从吾所好。"

2. 学而不厌，诲人不倦

孔子以好学著称，对各类知识都表现出浓厚的兴趣，因此他知识渊博，在当时几乎被当成无所不知的圣人。但孔子自己不这样认为，孔子曰："若圣与仁，则吾岂敢？抑为之不厌，诲人不倦。"孔子学无常师，谁有知识，谁那里有他所不知道的东西，他就拜谁为师，因此说"三人行，必有我师焉，择其善者而从之，其不善者而改之"。

3. 与人为善

孔子创立了以"仁"为核心的道德学说，他自己也是一个很善良的人，富有同情心，乐于助人，待人真诚、宽厚。"己所不欲，勿施于人""君子成人之美，不成人之恶""躬自厚而薄责于人"等，都是他的做人准则。子曰："吾十有五而志于学，三十而立，四十而不惑，五十而知天命，六十而耳顺，七十而从心所欲，不逾矩。"这是孔子对自己一生各阶段的总结。

三、典故轶事——孔子相师

《史记》记载，一日孔子乘着马车周游列国，来到一个地方，见有一个孩子用土围成了一座"城"，坐在里面。孔子就问："你看见马车为什么不躲?"那孩子回答："听人们说孔老先生上晓天文，下知地理，中通人情。可是，今天我见您却并不怎么样。因为自古到今，只听说车子躲避城，哪有城躲避车子的道理?"孔子愣了一下，问："你叫什么名字?"孩子答道："我叫项橐。"孔子为了挽回面子，就想用问题来为难项橐，但是都被项橐巧妙化解。

孔子觉得这孩子知识渊博，连自己也辩不过他，长叹一声，俯下身子和蔼地对项橐说："后生可畏，我当拜你为师。"回头对弟子们讲："三人行必有我师矣，要不耻下问。"经孔子这一夸奖，项橐便名扬九州，震动朝野。南宋王应麟编写的《三字经》劝诸后生说"昔仲尼，师项橐，古圣贤，尚勤学"，盖出于此。

孔子的教育思想作为一种自我完善的教育信念，向青年大学生阐明教育是一个人成长和自我完善的重要途径。教育不仅包括专业知识的学

习和技能的掌握，还应注重个人道德情操的培养。因此，大学生活不仅应该学习专业知识和技能，以便毕业后顺利找到工作，而且还应该加强道德学习，培养正确的价值观和人生观，养成良好的行为和友好的待人方式。只有这样，我们才能正确处理生活中的各种顺境和逆境，与人和谐相处。

第二节　儒家的“二把手”——孟子

山东省大概是当前中国别称最多的省份，其为人熟知的别称除了“齐鲁大地”外，还有“孔孟之乡”。这个“孟”，指的就是儒家的“二号当家人”——孟子。

一、人物生平

孟子，名轲，字子舆，邹（今山东邹城东南）人。

孟子是战国时期伟大的思想家、教育家、政治家，儒家学派的代表人物，与孔子并称“孔孟”。代表作有《鱼我所欲也》《得道多助，失道寡助》《生于忧患，死于安乐》《王顾左右而言他》等。后世追封孟子为“亚圣公”，尊称为“亚圣”。《孟子》属语录体散文集，是孟子的言论汇编，由孟子及其弟子共同编写完成，一说是孟子弟子、再传弟子的记录。

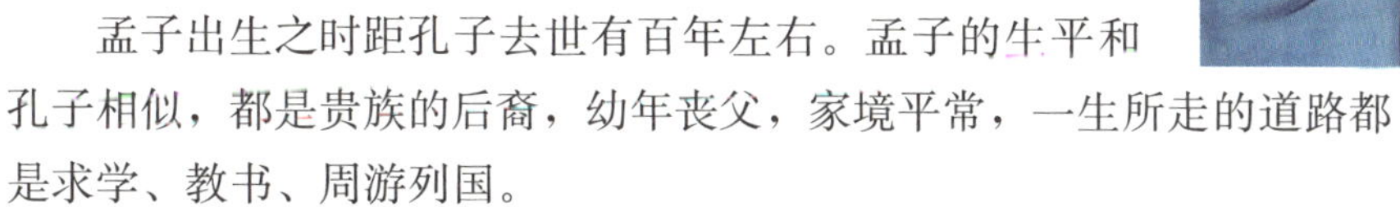

孟子出生之时距孔子去世有百年左右。孟子的生平和孔子相似，都是贵族的后裔，幼年丧父，家境平常，一生所走的道路都是求学、教书、周游列国。

孟子早年拜孔子之孙孔伋的门人为师，学成以后，以士的身份游说诸侯，想要推行自己的政治主张，到过梁（魏）国、齐国、宋国、滕国、鲁国。当时几个大国都致力于富国强兵，希望通过暴力的手段实现统一。孟子的仁政学说被认为是“迂远而阔于事情”，没有得到实行的机会。最后孟子退居讲学，和他的学生一起，“序《诗》《书》，述仲尼之意，作《孟子》七篇”。

二、主要思想

（一）民本思想

孟子根据战国时期的经验，总结各国治乱兴亡的规律，提出了一个著名命题：“民为贵，社稷次之，君为轻。”他认为如何对待人民这一问题，对国家的治乱兴亡极其重要。孟子十分重视民心的向背，通过大量历史事例阐述这是关乎得天下与失天下的关键问题。

二十大报告中指出，治国有常，利民为本。为民造福是立党为公、执政为民的本质要求。必须坚持在发展中保障和改善民生，鼓励共同奋斗创造美好生活，不断实现人民对美好生活的向往。我们要实现好、维护好、发展好最广大人民根本利益，紧紧抓住人民最关心最直接最现实的利益问题，坚持尽力而为、量力而行，深入群众、深入基层，采取更多惠民生、暖民心举措，着力解决好人民群众急难愁盼问题，健全基本公共服务体系，提高公共服务水平，增强均衡性和可及性，扎实推进共同富裕。

“民为贵，社稷次之，君为轻。”意思是说，人民是第一位的，国家其次，国君在最后。孟子认为君主应以爱护人民为先，为政者要保障人民的权利。孟子赞同若君主无道，人民有权推翻政权。正因为如此，《汉书》仅仅把《孟子》放在诸子略中，视为子书。到五代十国的后蜀时，后蜀主孟昶命人楷书十一经刻石，其中包括《孟子》，这可能是《孟子》被列入经书的开始。到南宋的孝宗时，朱熹将《孟子》与《论语》《大学》《中庸》合在一起称“四书”，并使其成为“十三经”之一，《孟子》的地位才被推到了高峰。传说明太祖朱元璋因不满孟子的民本思想，曾命人删节《孟子》中的有关内容。

（二）仁政学说

孟子继承和发展了孔子的德治思想，就是他的仁政学说，这是其政治思想的核心。孟子的政治论是以仁政为核心的王道，其本质是为封建统治阶级服务。他把“亲亲”“长长”的原则运用于政治，以缓和阶级矛盾，维护封建统治阶级的长远利益。

孟子认为，如果统治者施行仁政，可以得到人民的衷心拥护；反之，如果不顾人民死活，推行虐政，将会失去民心而变成独夫民贼，被人民推翻。仁政的具体内容很广泛，包括经济、政治、教育以及统一天下的途径等，其中贯穿着民本思想这一线索。这种思想是从春秋时期重民轻神的思想发展而来的。

孟子认为，人民的物质生活有了保障，统治者再兴办学校，用孝悌的道理进行教化，引导他们向善，这就可以造成一种“亲亲”“长长”的良好道德风尚，即“人人亲其亲，长其长，而天下平矣”。

（三）易子而教

孟子的教育思想，是对孔子“有教无类”的教育思想的继承和发挥。孟子一贯以孔子的正统继承者自居，他的教育贡献也是无与伦比的。他不仅授徒讲学，培养出乐正子、公孙丑、万章等优秀的学生，还与弟子一起著书立说，著《孟子》七篇留给后世。

在教育方法的改进上，孟子很推崇“易子而教”的教育方法。他的得意门生公孙丑询问有的君子为何不亲自教育自己的儿子，孟子回答道："势不行也，教者必以正。以正不行，继之以怒。继之以怒，则反夷矣。……古者易子而教之，父子之间不责善。责善则离，离则不祥莫大焉。"父子之间由于感情深厚，父亲对儿子的教育往往不严，对于儿子的一些错误和毛病也因为溺爱和娇惯而放任，从而使正确的教育难以为继。所以，"父子之间不责善"，让别人来教育孩子，这样既能对孩子从严要求，也能保持父子之间的亲密关系，不伤害感情。

（四）道德伦理

孟子把道德规范概括为四种，即仁、义、礼、智。他认为仁、义、礼、智是人们与生俱来的东西，不是从外部世界所取得的。同时他把人伦关系概括为五种，即"父子有亲，君臣有义，夫妇有别，长幼有序，朋友有信"。孟子认为，仁、义、礼、智四者之中，仁、义最为重要。仁、义的基础是孝、悌，而孝、悌是处理父子和兄弟血缘关系的基本道德规范。他认为如果每个社会成员都用仁、义来处理各种人际关系，封建秩序的稳定和天下的统一就有了可靠保证。

"仁义"是孟子道德论的核心思想。孟子所说的"仁义"是有阶级性的，是建立在封建等级社会的基础之上的。

（五）认识论

认识世界是为了改造世界，最重要的一环在于掌握客观规律。孟子拿夏禹治水根据水势可导而不可遏的规律，来说明人认识世界、改造世界都须如此。

孟子的天道认为天是有意志的，人世间的朝代更替、君王易位，以及兴衰存亡、富贵穷达，均是由天命所定。人对于天必须百依百顺，"顺天者昌，逆天者亡"，天意是不可抗拒的。他站在唯物主义反映论的对立面，否认人的思想是社会存在的反映，认为人生下来就具有先天的善性的萌芽。

（六）性善论

孟子的主要哲学思想是"性善论"，与荀子的"性恶论"相对。"性善论"是孟子谈人生和谈政治的理论根据，这是他思想体系的中心环节。

"恻隐之心，人皆有之；羞恶之心，人皆有之；恭敬之心，人皆有之；是非之心，人皆有之。"孟子的性善论只说性善，南宋朱熹补充为"人之初，性本善"，明代王阳明继承并发展出"良知学说"，当代学者傅佩荣提出"性向善"。

孟子将"性善论"作为人们修养品德和行王道仁政的理论根据，认为仁、义、礼、智等伦理道德的要求源于人的本性本心，有伦理学意义，同时"性善论"认为通过学习人人可以成为尧舜那样的君子，又强调了教育的可能性，具有很强的教育意义。

三、典故轶事——五十步笑百步

战国时代，诸国都采取合纵连横之计，远交近攻。战争连年不断，苦了各国的老百姓。孟子决定周游列国，去劝说那些好战的君主。

孟子来到梁国，去见了好战的梁惠王。梁惠王对孟子说："我费心尽力治国，又爱护百姓，却不见百姓增多，这是什么原因呢？"

孟子回答说："让我拿打仗作个比喻吧！双方军队在战场上相遇，免不了要进行一场厮杀。厮杀结果，打败的一方免不了会丢盔弃甲，飞奔逃命。假如一个士兵跑得慢，只跑了五十步，却去嘲笑跑了一百步的士兵是'贪生怕死'。"

孟子讲完故事，问梁惠王："这对不对？"梁惠王立即说："当然不对！"孟子说："您虽然爱百姓，可您喜欢打仗，百姓就要遭殃。这与五十步是同样的道理。""五十步笑百步"通常比喻那些以小败嘲笑大败的人，也比喻程度不同但本质相同的做法。

孟子有云："诚者，天之道也；思诚者，人之道也。"、"万物皆备于我，反身而诚，乐莫大焉。"孟子在评价人性时，提出了"人性善论"。他相信人的天性是"善良的"，同时，他也相信"诚"是善的基础，没有"诚实"，就没有真正意义上的"善"。孟子认为"诚"是使"善"达到至高境界的必经之路，他的思想对青年学生践行社会主义核心价值观有启发作用。

第三节　农民出身的哲学家——墨子

他是武侠鼻祖、帮派鼻祖，他是摄影光学原理的发现者，他是中国逻辑学的创始人，他是"唯物鼻祖，科学圣人"……在人类历史发展中，人们热衷并习惯于从古代社会中找一个鼻祖，以找出根源，将本行业发扬光大。而被各行业尊称鼻祖最多的一个人，就是墨子。

一、人物生平

墨子，姓墨名翟，相传原为宋国人，后长期住在鲁国，墨家学派的创始人，也是春秋战国时期著名的思想家、政治家。墨子是中国历史上唯一一个农民出身的哲学家。墨家在先秦时期影响很大，与儒家并称"显学"。他提出了"兼爱""非攻""尚贤""尚同""节葬""节用"等观点，以"兼爱"为核心，以"节用""尚贤"为支点。墨子在战国时期创立了以几何学、物理学、光学为突出成就的一整套科学理论。在当时的百家争鸣中，有“非儒即墨”之称。其弟子根据墨子生平事迹的史料，收集其语录，完成《墨子》一书。

（一）早年经历

墨子自称是“北方之鄙人”，原因是墨子出生时，其家族早已沦落，自诩说“上无君上之事，下无耕农之难”，被人称为“布衣之士”。墨子在少年时代做过牧童，学过木工，长大后决心出去拜访天下名师，学习治国之道，恢复自己先祖曾经有过的荣光。

（二）师从儒者

墨子穿着草鞋，步行天下，在各地游学。墨子曾师从儒者，学习孔子的儒学，称道尧舜大禹，学习《诗》《书》《春秋》等典籍。后来他逐渐觉得，儒家所讲的都是些华而不实的废话。

（三）创立墨学

墨子最终舍弃儒学，另立新说，在各地聚众讲学，以激烈的言辞抨击儒家学说和各诸侯国的暴政。相当多的手工业者和下层士人成为他的“粉丝”，于是墨子及其弟子逐步形成了自己的墨家学派，成为儒家的主要反对派。墨家是一个宣扬仁政的学派，在代表新型地主阶级利益的法家崛起以前，墨家是先秦时期和儒家相对立的最大的一个学派。

二、主要思想

（一）政治思想

（1）兼爱。所谓兼爱，包含平等与博爱的意思。墨子要求君臣、父子、兄弟要在平等的基础上相互友爱，“爱人若爱其身”，并认为社会上出现强执弱、富侮贫、贵傲贱的现象，是天下人不相爱所致。

（2）非攻。墨子认为，当时进行的战争均属掠夺性非正义战争，在《非攻》诸篇中，反复申诉非攻之大义，认为战争是凶事。他说，古者万国，绝大多数在攻战中消亡殆尽，只有极少数国家幸存。这就好比医生医了上万人，仅仅有几人痊愈，这个医生不配称为良医，战争同样不是治病良方。历史上好战而亡的统治者不可胜数，这无异于给那些企图通过攻战来开疆拓土、吞并天下的人以当头棒喝。所以墨子主张以德义服天下，以兼爱来消弭祸乱。在墨子眼里，兼爱可以止攻，可以去乱。兼爱是非攻的伦理道德基础，非攻是兼爱的必然结果。

（3）尚同尚贤。尚同是要求百姓与天子上下一心，实行义政。尚贤则包括选举贤者为官吏，选举贤者为国君。墨子认为，国君必须选举国中贤者，百姓应在公共行政上服从国君。墨子要求天子了解民情，只有这样才能赏善罚暴。墨子要求君上能尚贤使能，提出“官无常贵，民无终贱”的主张。

(4) 节用节葬。节用是墨家特别强调的一种观点，他们抨击君主、贵族的奢侈浪费，认为君主、贵族都应像古代三代圣王一样，过清廉俭朴的生活。墨子反对儒家看重的厚葬风气，认为厚葬对社会没有一点意义。墨子要求他的弟子们在这方面也身体力行。

(5) 非命。墨子一方面肯定天有意志，能赏善罚恶，借助外在的人格精神服务于他的“兼爱”；另一方面又否定儒家提倡的天命，主张“非命”，认为人的寿夭、贫富和天下的安危、治乱都不是由“命”决定的，只要通过人的积极努力，就可以达到富、贵、安、治的目标。墨子反对儒家所说的“生死有命，富贵在天”，认为这种说法消磨与损伤人的创造力，所以提出“非命”。

(二) 哲学思想

1. 认识论

墨子哲学思想的主要贡献是认识论。他以“耳目之实”的直接感觉为认识的唯一来源，认为不能凭个人臆想判断事物的有无，而要以大家所看和所听的为依据。墨子从朴素唯物主义经验论出发，提出了检验认识真伪的标准，把“事”“实”“利”综合起来，以间接经验、直接经验和社会效果为准绳，排除个人的主观成见。墨子强调感觉经验的认识论也有很大局限性，他曾以有人“尝见鬼神之物，闻鬼神之声”为理由，得出“鬼神之有”的结论。但墨子并没有忽视理性认识的作用。

2. 逻辑学

墨子是中国古代逻辑思想体系的重要开拓者。他大量运用逻辑推论的方法，建立或论证自己的政治、伦理思想。他还在中国逻辑史上第一次提出辩、类、故等逻辑概念，并要求将辩作为一门专门知识来学习。由于墨子的倡导和启蒙，墨家养成了重逻辑的传统，并且后期墨家还建立了第一个中国古代逻辑学的体系。此外，墨子还总结出了假言、直言、选言、演绎、归纳等多种推理方法，从而使墨子的辩学成为一个有条不紊、系统分明的体系，在古代世界中别树一帜，与古代希腊的逻辑学、古代印度的因明学并立。

(三) 科学思想

1. 提出宇宙论

墨子认为，宇宙是一个连续的整体，个体或局部都是由这个统一的整体分出来的，是这个统一整体的组成部分。他把时间、空间和物体运动统一起来，联系在一起。他认为，在连续的、统一的宇宙中，物体的运动表现为在时间中的先后差异和在空间中的位置迁移。没有

时间先后和位置远近的变化，也就无所谓运动，离开时空的单纯运动是不存在的。墨子还阐发了关于物质属性的问题。他认为，如果没有石头，就不会知道石头的坚硬和颜色；如果没有日和火，就不会知道热。也就是说，属性不会离开物质客体而存在，属性是对物质客体的客观反映。人之所以能够感知物质的属性，是由于有物质客体的客观存在。

2. 数学论述

墨子是中国历史上第一个从理性高度对待数学问题的科学家，他给出一系列数学概念的命题和定义，这些命题和定义都具有高度的抽象性和严密性。墨子所给出的数学概念主要有：关于“倍”的定义、关于“同长”的定义、关于“中”的定义、关于“圆”的定义、关于正方形的定义、关于直线的定义。此外，墨子还对十进位制进行论述，成为对位进制概念进行总结和阐述的第一个科学家。

3. 物理学研究

墨子关于物理学的研究涉及力学、光学、声学等分支，给出不少物理学概念的定义，并有重大发现，总结出一些重要的物理学定理。

墨子给出了力的定义，又给出了“动”与“止”的定义。关于杠杆定理，墨子也做出了精辟的表述。此外，墨子还对杠杆、斜面、重心、滚动摩擦等力学问题进行了一系列的研究。在光学史上，墨子是第一个进行光学实验，并对几何光学进行系统研究的科学家。可以说墨子奠定了中国几何光学的基础。

墨子首先探讨了光与影的关系，随之又探讨了物体的本影和副影的问题。他指出，光源如果不是点光源，由于从各点发射的光线产生重复照射，物体就会产生本影和副影；光源如果是点光源，则只有本影出现。墨子还进行了小孔成像的实验。他明确指出，光是直线传播的，物体通过小孔所形成的像是倒像。这是因为光线经过物体再穿过小孔时，由于光的直线传播，物体上部成像于下，物体下部成像于上，故所成的像为倒像。他还探讨了影像的大小与物体的斜正、光源的远近的关系，指出物斜或光源远则影长细，物正或光源近则影短粗。如果是反射光，则影形成于物与光源之间。特别可贵的是，墨子对平面镜、凹面镜、凸面镜等进行了相当系统的研究，得出了几何光学的一系列基本原理。

墨子还对声音的传播进行过研究，发现井和罂有放大声音的作用，并巧妙地加以利用。他曾教导学生说，在守城时，为了预防敌人挖地道攻城，每隔三十尺挖一井，置大罂于井中，罂口绷上薄牛皮，让听力好的人伏在罂上进行侦听，以监知敌方是否在挖地道、地道挖于何方，以做好御敌的准备。尽管当时墨子还不可能明白声音共振的机理，但这个防敌方法却蕴含有丰富的科学内涵。

4. 机械制造方面

墨子精通手工技艺，可与当时的巧匠鲁班相比。墨子擅长防守城池，在止楚攻宋时与鲁班进行的攻防演练中，充分体现了他在这方面的才能和造诣。他曾花费 3 年的时间，精心研制出一种能够飞行的木鸟（风筝、纸鸢），成为我国古代风筝的创始人。他又是一个制造车辆的能手，可以在不到一日的时间内造出载重 30 石的车子。他所造的车子运行迅速又省力，且经久耐用，为当时的人们所赞赏。值得指出的是，墨子几乎谙熟当时各种兵器、机械和工程建筑的制造技术，并有不少创造。

三、典故轶事——墨守成规

战国时期，有一回，楚国要攻打宋国，鲁班为楚国设计制造了一种攻城云梯。那时墨子正在齐国，得到这个消息，急忙赶到楚国去劝阻，一连走了十天十夜，到了楚国的郢都，立刻找到鲁班一同去见楚王。墨子竭力说服楚王和鲁班放弃攻宋国。

楚王最终同意了，但是他们舍不得放弃新造的攻城器械，想在实战中试试它的威力。墨子解下衣带，围作城墙，用木片作为武器，让鲁班同他分别代表攻守两方进行表演。鲁班多次使用不同的方法攻城，都被墨子挡住了。鲁班攻城的器械已经使尽，而墨子守城的计策还绰绰有余。

鲁班不肯认输，说自己有办法对付墨子，但是不说。墨子说他知道鲁班要怎样对付自己，但是也不说。楚王听不懂，问是什么意思。墨子说鲁班是想杀害他，以为杀了他，就没有人帮宋国守城了。鲁班哪里知道墨子的门徒约有三百人早已守在那里等着楚国去进攻。楚王眼看没有把握取胜，便决定不再攻打宋国。因为墨子善守，后来就把牢守称为“墨守”，但是现在“墨守成规”一般用于贬义。

墨子的“兼爱”思想所体现的博爱精神有助于培养当代大学生博爱的胸怀，指引大学生建立正确的“三观”（世界观、人生观、价值观），学会如何正确处理人际关系，完善自身，与人为善，对待他人公平公正，包容和宽容他人，尊老爱幼。学会如何处理人和社会的关系，做到热爱社会，回馈社会，维护和促进社会环境的稳定及社会和谐发展。学会如何妥善处理人和自然的关系，珍惜和爱护自然资源，促进人和自然和谐共处。

第四节　诸子百家集大成者——荀子

荀子是诸子百家的集大成者，仅在儒家经典的传承上，荀子就上承战国，下启先秦，居功至伟。

一、人物生平

荀子（约前 313—前 238 年），名况，时人尊而号为“卿”，战国末期赵国人，西汉时期因避汉宣帝刘询讳，“荀”与“孙”二字古音相通，故又称孙卿。著名思想家、教育家，也是孔孟之后最著名的儒家学者。荀子发展了儒家思想，在人性问题上，提倡性恶论，主张人性有恶，否认天赋的道德观念，强调后天环境和教育对人的影响。其学说常被后人与孟子的“性善论”进行比较。荀子对重新整理儒家典籍有显著贡献。著作有《劝学》、《天论》、《修身篇》。

司马迁的《史记·孟子荀卿列传》记录了荀子的生平。荀子五十岁始来齐国游学，后来到楚国，家居兰陵，韩非、李斯都是他的入室弟子。

他曾入秦，对秦国政治予以肯定，说“秦四世有胜，数也，非幸也”，同时又对秦国重视刑法吏治、轻视仁德士君子的方略不以为然，谓之“县之以王者之功名，则倜倜然其不及远矣”。

后荀子到赵国，赵国拜其为上卿。楚国有人向楚相春申君进言请荀子回到楚国，荀子最后老死于楚国兰陵，著作集为《荀子》。因为荀子受历代学者的抨击，其注者不多。清末学者谭嗣同在《仁学》中这样评价：（中国）二千年来之学，荀学也，皆乡愿也。

二、思想成就

（一）主要观点

荀子对各家都有批评，唯独推崇孔子的思想，认为它是最好的治国理念。荀子以孔子的继承人自居，特别是继承了孔子的“外王学”。他又从知识论的立场上总结和吸收诸子百家的理论主张，形成了富有特色的“明天人之分”的自然观、“化性起伪”的道德观、“礼仪之治”的社会历史观，并在此基础上，对先秦哲学进行了总结。

1. 明于天人相分

天、天命、天道的问题一直是先秦时期各家关注的问题。殷商时期，“天”“天命”被作为人格神看待。到了荀子，它的人格神色彩被淡化，主要借亲亲之情论仁德，而视天命为一种盲目的主宰力。他旗帜鲜明地提出了“天道自然”“天行有常”“天人相分”“制天命而用之”等思想。

2. “化性起伪”的性恶论

荀子最著名的观点是“性恶论”，这与孟子的“性善说”截然相反。他的总论点是，凡是善的、有价值的东西都是人努力的产物。价值来自文化，文化是人的创造。正是在这一点上，人在宇宙中具有和天、地同等的重要性。荀子认为人与生俱来就想满足欲望，若欲望得不到满足便会发生争执，因此主张人性有恶，要由圣王及礼法的教化来“化性起伪”，使人格提高。

3. 所积而致的成圣之道

就道德修习而言，荀子认为最高的要求就是“成圣”。荀子坚持自己理论的一贯性，认为在天生的情性方面，圣人与普通人没有什么不同，只有经过后天的努力，才能成就自己。“圣人者，人之所积而致也。”圣人与一般人，君子与小人，在先天本性上的差别被取消了。但是荀子立论的意图并不在于从根本上废弃这种差别，反而要从后天努力的角度凸显这种差别，凸显后天努力修为造就君子、圣人，是在强调精神气质、文化教养上的贵族性。荀子学说有浓重的知识化、工具化的倾向，然而在追求成圣、追求贵族性的精神气质与品格这点上，与孔子的理念是一脉相承的。荀子讲成圣，又希望借圣人的教化，使得社会大众转变性情，以至于善。

（二）认识论

1. “天官薄类”和“心有征知”：立足于经验的认识发展阶段

荀子依据其自然主义思想，建立自己的认识论。在他看来，所谓“知”就是主观与客观的结合。“凡以知，人之性也；可以知，物之理也。”认识就在于以“人之治”和“物之理”。他将人的认识过程分为两个阶段：第一阶段，“缘天官”，“天官”就是人的感觉器官，在这一阶段人首先依靠感觉器官来把握事物；第二阶段，“心有征知”，“征知”就是对感觉印象进行分析、辨析和验证，形成概念和判断。

2. “学至于行之而止”的知行观

在知行观上，荀子提出“学至于行之而止”的命题。他认为认知的落脚点在于“行”，“行”不仅是知的来源，也是知的目的。但荀子的所谓行，不可作为社会实践理解，而是指人的道德行为。因而所谓“学至于行”，也就是“学至于礼”，让主观的道德行为符合现实的社会道德规范，最终达到“德之极”的地步。

（三）对比孔孟

荀子的思想偏向于经验以及人事方面，从社会脉络方面出发，重视社会秩序，反对神秘主义的思想，重视人为的努力。孔子的中心思想为“仁”，孟子的中心思想为“义”，荀子继二人后提出“礼”

“法”，重视社会上人们行为的规范。荀子以孔子为圣人，但反对孟子和子思为首的“思孟学派”哲学思想，认为子贡与自己才是继承孔子思想的学者。

与孔子、孟子相比，荀子的思想具有更多的现实主义倾向。他在重视礼义道德教育的同时，也强调了政法制度的惩罚作用。

（四）天论思想

二十大报告指出，尊重自然、顺应自然、保护自然，是全面建设社会主义现代化国家的内在要求。必须牢固树立和践行绿水青山就是金山银山的理念，站在人与自然和谐共生的高度谋划发展。荀子在继承前人“论天”思想的基础上，坚持以“天行有常”为前提，以“天人相分”为核心，以“制天而用”为目的，形成了完整、系统的“天论”观。荀子“天观”的形成是对天道、自然、天人关系的系统的、具有哲学意义的理论思考。它反映了严谨而深刻的思想逻辑，在整个思想史上留下了浓重的色彩。

荀子的“天论”思想，主要体现在他所作的《天论》一文中。本文在《荀子》现存的 32 篇文章中占有重要地位。他的“天论”观以本文为中心，辐射到荀子的其他论述中，反映了荀子对天与自然的客观认识和天人关系的辩证观。这是荀子对前人“论天”思想批判继承和发展的结果。同时，正是他的新创作结合了独特的时代背景，对后世产生了深远的影响。因此，要深入领悟荀子《天论》中的“天论”，就必须厘清荀子“天论”的逻辑起点、逻辑重点和逻辑终点。

（五）乐论思想

《荀子·乐论》集“声有哀乐论”之大成，荀子认为“乐”包含了自然的“声”，被赋予情感、意义之“志”，然后成为“音”的转化过程。又谓：“乐则必发于声音，形于动静……乐则不能无形。”意即，荀子认为“乐”包括声、动两方面。在“乐”的实践中，声指的是音乐，动指的是舞蹈。就荀子当时所观之“乐”的真实形态而言，其主要是指诗、乐、舞三者在搬演中融合为一。“故听其《雅》《颂》之声，而志意得广焉；执其干戚，习其俯仰屈伸，而容貌得庄焉；行其缀兆，要其节奏，而行列得正焉，进退得齐焉。故乐者，出所以征诛也，入所以揖让也。”荀子认为，雅颂之音是音乐的最高形态，其搬演过程完美体现了何为“声”、何为“动”，呈现出舞的展现方式和动作在内的具体要求。“君子以钟鼓道志，以琴瑟乐心。动以干戚，饰以羽旄，从以磬管。”在“声”和“动”共同参与的基础上，荀子更要求“乐”以“道志”，表明了伦理导向是“乐”的有机内涵。

三、典故轶事——颠沛流离

荀子小时候就比别的孩子聪明，自幼就饱读诗书，其锐智也让周围人感到惊奇。在荀子长大后，来到燕国游说，但是燕国国君对荀子哲学却不太感兴趣，于是无用武之地的荀子来到齐国，此时的齐襄王广罗人才，刚到齐国的荀子很被齐王赏识，于是就开始在齐国开启了他的讲学之旅。荀子以其深厚的知识文化，得到了众人的尊敬。但是却总有人说荀子的坏话，使得齐王也不相信荀子。而后荀子离开了齐国，这时的荀子早已 81 岁。

离开齐国后的荀子又来到楚国，楚相春申君一开始很是器重荀子，后来因别人的谗言，辞退了荀子。荀子只身一人来到秦国，秦国国君不接受荀子的观点，只专心于他的称霸大业。荀子只好又无奈离开了秦国，恰在此时春申君很后悔辞退了荀子，又把荀子招募回了楚国，作兰陵令。春申君死后。98 岁的荀子辞了官，开始著述，前后一共写了 30 多篇文章，写就流传千古的名作——《荀子》。

第五节　稷下学宫的一大学者——淳于髡

在中国第一次文化大融合大繁荣的诸子百家时代，有这么一个人，他既注重周礼对人行为的规范作用，又特别重视对法令律例的修明工作。他用一生的努力，诠释了当时稷下学宫“百家争鸣”的显著成果……他就是稷下先生——淳于髡。

一、人物简介

淳于髡，战国时期齐国著名的政治家和思想家，主要活动于齐威王和齐宣王之际。淳于髡以博学多才、善于辩论著称，是稷下学宫中最具有影响的学者之一。他长期活跃在齐国的政治和学术领域，上说下教，不治而议论，曾对齐国新兴封建制度的巩固和发展，对齐国的振兴与强盛，对威、宣之际稷下之学的发展，做出重要贡献。他曾经辅佐过魏惠王、陈轸等人。

二、人物生平

（一）卑微出身

淳于髡出身卑贱，其貌不扬。据记载：“淳于髡者，齐之赘婿也，长不满七尺。”“髡”是先秦时的一种刑罚，指剃掉头顶周围的头发，是对人的侮辱性的惩罚。淳于髡以此为名，可见他的社会地位是非常低的。“赘婿”则源自春秋时齐国的风俗。当时齐国风俗认为，家中的长女不能出嫁，要在家里主持祭祀，否则不利于家运。这些在家主持祭祀的长女被称作“巫儿”，巫儿要结婚，只好招婿入门，于是就有了“赘婿”。这种风俗在齐地由来已久，一直到汉代还非常流行。如果不是经济贫困，无力娶妻，一般人是不会入赘的。淳于髡身为赘婿，更可以确定他出身于社会底层。

（二）稷下元老

尽管淳于髡出身卑微，又身材矮小、其貌不扬，却得到齐国几代君主的尊崇和器重。淳于髡是齐桓公田午创办的稷下学宫里的先生，齐威王刚继位时，沉湎酒色，不理朝政，淳于髡率先进谏，使齐威王幡然悔悟，厉行改革，齐国由是大治。他也被齐威王立为“上卿”，多次代表齐王出使诸侯，都顺利地完成任务。淳于髡由贱而贵，和齐国长期奉行“举贤尚功”的统治政策有关，但根本原因还在于他具有超乎常人的智慧和才干。

（三）智慧超群

淳于髡凭借自己的智慧与才能，成为稷下先生中的代表人物。邹忌拜相时，他率稷下先生七十余人向其问难，使得邹忌重视礼法、厉行改革；他与孟子进行过数次精彩的论辩；荀子到稷下游学时，淳于髡已经是稷下学宫中元老级的人物，荀子经常向他请教，其“隆礼重法”的主张受到了淳于髡思想的影响。淳于髡还做过齐太子的老师，由此可见齐国国君对这位稷下元老的信任和倚重。

（四）滑稽多辩

淳于髡在历史上最为人熟知的，就是他的“滑稽多辩”。淳于髡学识渊博，能言善辩，尤其喜欢在与人辩论时运用“隐语”。淳于髡的所谓“隐语”，就是富于哲理的讽喻。他在与人辩论和向国君进谏时，经常用讽喻表明自己的立场，言辞诙谐、含义深刻，往往令人心悦诚服、点头称是。因此，司马迁把他的事迹写入了《滑稽列传》之中。

齐康公十九（前 380 年）年，齐国历史上著名的齐威王继位。当时，田齐取代姜齐已近三十年。但这三十年间，齐国尚未从姜齐末年的内乱中恢复过来，封建改革的阻力很大，条件也不成熟，各路诸侯趁机攻伐田齐新兴政权。齐国内政纷乱，军旅不振，政局岌岌可危，刚继位的齐威王却不理国政、沉湎女乐，国内形势日渐严峻。在国家内忧外患之际，淳于髡不顾个人的安危，挺身而出，用自己擅长的“隐语”讽谏齐王。

淳于髡问齐威王道：“大王，国中有大鸟，栖息在大殿之上，三年不飞不鸣，您知道这是为什么吗?”齐威王胸有大志，只是暂时消沉，并非昏庸无能之辈，淳于髡的讽谏一下子点醒了他，他也用“隐语”回答道：“此鸟不飞则已，一飞冲天；不鸣则已，一鸣惊人。”

淳于髡的讽谏收到了奇效，促使齐威王下定决心变法图强。他上朝召集各县令县长 72 人，奖励 1 个，处死 1 个，整顿内政，并整肃军威准备迎战诸侯。各诸侯国都很震惊，纷纷归还了侵占的齐国土地。淳于髡讽谏齐威王之后，得到了重用，从不治而议论的“上大夫”逐渐成为代表国君出使诸侯的外交官员。

（五）推荐贤才

齐宣王求贤时，号召天下人推荐有才干、品德好的人。淳于髡在一天内就向齐宣王推荐了 7 名贤士，齐宣王很高兴，可是，他对顷刻间出现的这么多贤士感到有点怀疑。于是齐宣王把淳于髡叫到跟前，对他说：“先生，我有一个疑点想问问你。我听说，能在方圆千里的范围内找到一位贤人，那么天下的贤人就多得可以肩并肩地排成行站在你面前。在古今上下近百代的范围内能出现一个圣人，那么世上的圣人就多得可以脚跟挨着脚跟地向你走来。今天，先生您在一天的时间里就给我推荐了 7 位贤人，如此看来，贤人岂不遍地皆是，有点太多了吗?”

淳于髡笑了笑，对齐宣王说：“大王您听我说，物以类聚，人以群分。同类的鸟，它们总是栖息聚集在一起；如果我们到低洼潮湿的地方去寻找柴胡、桔梗这些植物，几辈子也不会找到一棵，如果到山上去找，那就多得可以用车去装了，万物都是以同类相聚的。我向来与贤士为伍，我的朋友个个都是德性高尚、才智非凡的人，大王您找我寻求贤士，这就像在河里舀水、在火石上取火一样，轻而易得，取之不竭。您怎么能嫌我一天之内给您举荐的贤士太多了呢？我周围的贤士多得很，岂止这 7 个人，今后，我还要继续向大王推荐呢。”

淳于髡的一番话使齐宣王茅塞顿开，心服口服。后用“物以类聚”指同类的东西聚在一起，现在多指坏人之间臭味相投，互相勾结在一起。

三、典故轶事

（一）以礼搬救兵

齐威王八年（前 371 年），楚国发兵大举进攻齐国。齐威王派淳于髡到赵国去请救兵，让他带上赠送的礼品黄金百斤、车马十驷，淳于髡仰天大笑，笑得系帽子的带子都断了。威王说：“先生是嫌所带的礼品少吗?”淳于髡说：“怎么敢呢?”威王说：“那是为什么呢?”淳于髡说：“刚才臣子从东方来，看见大路旁有人在祭祀神灵祈福消灾，拿着一只猪蹄，一盂酒，祷告说：‘易旱的高地粮食装满笼，易涝的低洼田粮食装满车，五谷茂盛丰收，多得装满了家。’我见他所拿的祭品微薄，而想要得到的却很多，所以在笑他呢。”于是齐威王把赠送赵国的礼

品改为黄金千镒、白璧十双、车马百驷。淳于髡到了赵国，交涉十分顺利。赵王给他精兵十万、战车一千乘。楚国听到消息，连夜撤兵离去。

（二）淳于髡献鹄

有一次，齐王派淳于髡出使楚国，并特意带去一只鹄作为赠送楚王的礼物。谁知刚出城门，鹄就飞了。淳于髡托着空鸟笼，前去拜见楚王，说："齐王派我来向大王献鹄，我从水上经过，不忍心鸟儿饥渴，就放它出来喝水，谁知它竟离开我飞走了。我想要刺腹或勒颈而死，又担心别人非议大王因为鸟兽致使士人自杀。鹄是羽毛类的东西，相似的很多，我想买一个相似的鸟儿来代替，可这是欺骗大王，我不愿做。想要逃到别的国家去，又痛心齐、楚两国之间的通使由此断绝。所以前来请求责罚。"这一番话说得十分巧妙。"不忍鸟儿饥渴，就放它出来喝水"，说明淳于髡的仁；"想要刺腹或勒颈而死"，说明淳于髡的勇；"担心别人非议大王"说明淳于髡的忠；"不愿另外买类似的鸟来代替"，说明淳于髡的信；"痛心齐、楚两国之间的通使由此断绝"，说明淳于髡的义；"前来请求责罚"，说明淳于髡的诚。仁、勇、忠、信、义、诚具备，谁还会治他的罪呢？结果楚王不但没有怪罪淳于髡，反而赞赏道："很好啊，齐王竟有这样忠信的人。"并且用厚礼赏赐淳于髡，财物比献鹄还要多一倍。

头脑风暴

1. 你认为孔子的思想在现在看来过时了吗？孔子的哪种思想对你最有启发意义？

2. 孟子的思想与孔子的思想有什么不同？朱元璋为什么反对孟子的思想？

3. 墨子为什么背弃并率众反对儒家？墨家的思想在当今社会有什么积极意义？

4. 为什么说荀子不是纯正的儒家学说的代表？荀子对中国文化做出了怎样的贡献？

5. 淳于髡有哪些品质值得我们敬重？稷下学宫与当今大学在管理机制上有哪些不同？

参考文献

1. （春秋）论语［M］. 北京：中国华侨出版社，2013.

2. 杨天才，张善文注. 周易［M］. 北京：中华书局，2011.

3. （西汉）司马迁. 史记·孔子世家［M］. 北京：中华书局，1982.

4. （汉）应劭. 风俗通义［M］. 北京：中华书局，2010.

5. 徐洪兴注. 孟子［M］. 武汉：长江文艺出版社，2015.

6. 吕不韦. 吕氏春秋［M］. 北京：中华书局，2007.

军事智囊

齐鲁文明是中国古代文明的重要组成部分，它不仅诞生了博大恢宏的孔孟儒学文化，而且孕育了绚丽夺目的兵学文化，涌现出了姜太公、司马穰苴、孙武、吴起、孙膑等众多著名的兵学家。宋代官修的《武经七书》是兵家的必读经典，其中《六韬》《孙子》《吴子》《司马法》四部兵书的作者，都来自齐鲁大地。这充分说明兵家文化是齐鲁文化中的一朵艳丽奇葩，同时也是齐鲁文化与其他地域文化相比所独具的魅力和风采。

通过本章的学习，你将了解齐鲁大地的军事英雄和他们的丰功伟绩，切实感受军事家的雄才大略和兵学的独特魅力，这对于研究整个齐鲁文化具有重要的历史意义和现实价值。

第一节　百家宗师——姜太公

谈到山东的兵学文化，不得不说兵家始祖姜太公。姜太公被称为“百家宗师”，历史上有很多关于他的传奇，如“姜太公钓鱼——愿者上钩”等，他在山东地区乃至整个中国的影响力都很大。

一、个人生平

（一）简介

姜太公，即吕尚，姜姓，吕氏，名望，字尚父，一说字子牙，我国历史上伟大的军事家、政治家、思想家。他辅助周文王、周武王灭商建周，因首功被封于齐。公元前 1045 年，他击退莱人的进攻，建立齐国，定都营丘。他因俗简礼，尊贤尚功，通工商之业，便渔盐之利，很快使齐国成为当时的东方大国。后来他又协助周公平定“三监之乱”，为二次安周做出卓越贡献。他的军事思想被后人辑录在《六韬》里。

（二）人物经历

1. 灭商兴周

姜太公出自炎帝神农氏部族，是尧舜时期伯夷的后裔，因伯夷当年协助大禹治水有功，被封于吕地。史书称他为“东夷之士”“东海上人”，即今山东日照人，生于商朝康丁年间，卒于周康王六年，活了100多岁。

姜太公的前半生基本上是漂泊困顿的，他家境贫寒，被人招为赘婿，因为不善于经营，被妻子逐出家门。他曾到棘津卖饭、干杂役，到孟津开餐馆，到朝歌杀猪宰牛、算卦占卜，甚至在纣王手下做过小官，游历过很多诸侯小国。相传他72岁时垂钓渭滨，遇到求贤若渴的西伯侯姬昌（即后来的周文王）。姬昌认为姜太公是个奇才，请他坐车同归，并拜他为师。

姜太公入周后，辅佐文王积善修德，明道行仁。他劝文王：对上，要处理好与纣王的关系，以麻痹纣王；对外，联络对纣王不太满意的其他诸侯国对其纳贡，从而使纣王放松警惕；对内，定爱民之策，行惠民之事，提倡生产，训练兵马。文王在姜太公的辅佐下，先后征伐了密须、犬戎、耆、崇等国。

总结前人的经验，面对当前复杂多变的国际形势，我们必须要如期实现建军一百年奋斗目标，加快把人民军队建成世界一流军队。坚持党对人民军队的绝对领导，坚持政治建军、改革强军、科技强军、人才强军、依法治军，坚持边斗争、边备战、边建设，坚持机械化信息化智能化融合发展，加快军事理论现代化、军队组织形态现代化、军事人员现代化、武器装备现代化，提高捍卫国家主权、安全、发展利益战略能力，有效履行新时代人民军队使命任务。

周文王在位50年，对灭商做好了充分准备。文王死后，其子姬发继位，即周武王。武王尊姜太公为师尚父，在其辅佐之下励精图治，招贤纳士，建立政治、军事管理制度，经济和军事实力都超过商纣。武王九年，武王与姜太公举行“孟津观兵”，为灭商进行了一次军事演习和检阅，有八百诸侯闻讯赶来参加，人心向周、商纣王孤立无援的形势已经形成。诸侯均力劝武王立即向朝歌进军，武王和姜太公则认为时机还不成熟，下令全军返回。

公元前1046年，纣王荒淫暴虐到极点。姜太公见时机成熟，就向武王提出伐纣建议，武王于是通告诸侯，共同征伐。姜太公精选兵车300辆、勇士3 000人、甲士45 000人，组成伐纣大军。发兵时，武王占卜，龟兆不吉，行军途中，又遇暴风骤雨，武王和众臣的决心一度产生动摇。姜太公刚毅果敢，力排众议，坚定了武王伐纣的信心。周军到

达商都朝歌郊外 70 里处的牧野，各诸侯率兵车 4 000 乘会合，商纣王也集结 70 万（有说 17 万）兵马，赶至牧野。战幕一揭开，姜太公亲自率领少部精锐士卒为先锋在前面挑战，随后以战车 350 辆、勇士 3 000 名、士卒 23 000 多人攻击商纣王的军队。商军虽然人数占优势，但与商纣王离心离德，士卒纷纷临阵倒戈。纣王见大势已去，急忙逃回朝歌，登上鹿台，自焚而死。姜太公引武王入殷都朝歌，诏告天下，宣布商朝灭亡，周王朝诞生。

2. 封齐建国

武王灭商后，采取封邦建国的方略，对全国进行统治。武王同姜太公、周公旦等人商议，把全国分成若干个侯国，由周天子分封给在灭商大业中做出贡献的姬姓亲族和有功之臣，让他们各自建都立国，充当周朝统治中心的屏障，即所谓“封建亲戚，以藩屏周”。由于姜太公在兴周灭商中功勋卓著，而被首封于齐地营丘（今淄博市临淄区），建立齐国，以稳定东方。

领封之后，姜太公带领本部人马，奔营丘而来。因为长途跋涉，一行人十分疲惫，行军速度慢。一天傍晚，他们来到离营丘不远的一个地方宿营，准备第二天赶到营丘。姜太公听见有人说：“有道是机会难得，这些人睡起觉来香甜安稳，哪像个赴国建都的样子。”姜太公听后睡意全无，立刻整顿人马，连夜赶赴营丘。至黎明时，姜太公一行人马就到了淄河西岸。只见莱国的军队正在涉水奔营丘而来，剑拔弩张，战争一触即发。原来莱国是商纣王的属国，与营丘离得很近，莱侯想趁姜太公立足未稳之际，抢占营丘。姜太公即刻组织人马迎敌，两军在淄河西岸展开对垒。姜太公指挥镇定自若，士兵作战英勇顽强。面对姜太公的强大攻势，莱军丢盔弃甲，节节败退，只好悻悻而回。这样，齐国正式建立。

姜太公封齐建国后，相当多的时间是在镐京做周朝中央政权的“太师”，辅佐外孙周成王姬诵、重外孙周康王姬钊。他的大儿子齐丁公姜伋也没有到临淄治理齐国，而是一直在镐京担任虎贲氏之职，统领着王宫卫戍部队。齐国开国后的三十余年，营丘基本上由姜太公的三儿子丘穆公镇守。成王时期，管叔、蔡叔、霍叔“三监之乱”，淮夷、徐夷、“殷东五侯”起兵反周，姜太公父子辅助周公旦，或坐镇京都、运筹帷幄，或领兵东征、冲锋陷阵，或左右呼应、东西夹攻，迅速平定了这场叛乱，为二次安周立下了赫赫战功。后来，周成王去世，姜太公父子又接受了成王托孤的遗命，担负起辅佐太子的重任。后又与众臣一起扶立太子姬钊登位，史称周康王。康王六年，姜太公去世，齐丁公姜伋继任周王室太师，掌管整个周王朝的军政事务。

二、人物成就

姜太公辅佐文王积善修德，明道行仁。文王死后，辅佐其子周武王励精图治，招贤纳士，建立政治、军事管理制度，经济和军事实力都超过商纣为，为灭商兴周打下了坚实的基础。由于在兴周灭商中功勋卓著，被首封于齐地，建立齐国。

姜太公建立齐国以后，首先以法治国，安定民心。司寇营汤，阳奉阴违，受贿害民，蛊惑群众，宣称要以所谓的“仁义”治齐，姜太公便令人把营汤斩首，以正政令。东海上有被时人称为“贤人”的狂矞、华士兄弟，自耕自食，不向天子称臣，也不为诸侯做事，以不合作的姿态对抗新生的齐国，姜太公认为他们自私自利，不为国家尽义务，影响极坏，是“害群之马”，就下令诛杀他们。一时间，齐国再也没有违抗命令法规的事情，混乱局面迅速得到平定。仅仅五个月，太公就去向周公“报政”，即向周公汇报其安邦定国的政绩。

姜太公建立齐国以后，在政治上推行“尊贤尚功”的政策，选拔有才能的人做官，吸收大批当地东夷土著人才加入到齐国统治阶层，让他们在国家建设中发挥应有的作用。对符合选贤标准且通过考核的人，不分亲疏，均用其所长，最大限度地发挥他们的积极性和创造性。这一用人路线，打破了西周以血缘关系为基础的“尊尊亲亲”的正统思想束缚，举贤任能，唯才是举。姜太公把用人提升到事关国家兴亡的高度，还提出了“六守”“八征”“六不用”的人才理论。所谓“六守”，指的是仁、义、忠、信、勇、谋六个方面，这是姜太公选拔人才的标准；所谓“八征”，就是姜太公考察人才的八种方法，即通过交谈问话、辩论、财物诱惑、女色诱惑、处理危难艰险、喝酒饮宴等全面了解人才的品德、能力；所谓“六不用”，就是姜太公认为有六种人不可任用：奸佞之徒、诈取名誉者、假公济私者、互相拆台者、结党营私者、嫉贤妒能者。姜太公发现人才使用的客观规律，开创“尊贤尚功”的人才使用先河，为后来齐国称霸称雄、位于列国至尊奠定了基础。可以说，“尊贤尚功”思想作为齐文化的精髓之一，为齐文化的形成、发展与强盛铺平了道路。

姜太公建立齐国以后，在文化上推行“因其俗，简其礼”的开明政策。所谓“俗”，指“夷俗”，即当时当地东夷人的生活方式；所谓“礼”，指“夷礼”，即当地东夷人的礼仪制度；所谓“因其俗，简其礼”，就是尊重东夷人的文化传统，不强制推行周礼。东夷齐地素有尚武、重仁等传统，东夷人具有不同于其他地区的性格特征和风俗习惯，如“八主”祭祀、长女不嫁等。姜太公认为，如果在齐地强行推广周礼，容易产生民族矛盾，不利于治国安邦。经过再三斟酌，他决定从齐地实际出发，从俗简礼，不强制干涉，且务实地创造了既让齐民乐于接

受又不太悖周礼的新制。这样既赢得了民心，又调动起了齐民兴齐建国的积极性。历史证明，姜太公“平易近民”“以俗治国”的治国方略促进了周文化与东夷文化的融合，为齐文化的兴盛做出了卓越贡献。

姜太公建立齐国以后，在经济上倡导“农、工、商”三宝并举、“通商工之业，便渔盐之利”的宏观战略。《汉书·地理志》载：“齐地负海泻卤，少五谷而人民寡。”《盐铁论》则说：“昔太公封营丘之墟，辟草莱而居焉，地薄人少。”齐国初建时沼泽遍布，土地盐碱化严重，自然条件恶劣，对农业经济的发展极其不利。姜太公因地制宜，在注重发展黍、稻生产的同时，利用境内矿藏丰富、渔盐资源丰富的特点，大力发展冶炼业、丝麻纺织业、渔盐业等手工业；还利用齐国交通便利、人们有重商传统的优势，大力发展商业，推行与列国通货的外贸政策。在这种开放的经济政策指导下，齐国制造的冠带衣履畅销天下，渔盐流通列国，诸侯纷纷前来朝拜，其他诸侯国的人和财物纷纷流归于齐国，络绎不绝地汇聚到齐都营丘。这样，齐国由偏僻荒凉的小国、穷国，逐步兴盛发展成为雄居于东方的大国、富国。

三、军事思想

姜太公一生的建树，以军事最著。他继承并发展东夷蚩尤、后羿等人的兵法谋略，是周朝以来的“兵主”或“武祖”。所以太史公言“后世之言兵及周之阴权皆宗太公为本谋”。可以说，自古至今太公都是兵家之鼻祖。

姜太公丰富的军事思想，被后人辑录在《六韬》一书中。《六韬》或称《太公六韬》，全书都是以太公答周文王、周武王之问的形式写作，其中包括《文韬》《武韬》《龙韬》《虎韬》《豹韬》《犬韬》六部分，共计六十篇。《六韬》阐述了以爱民为基础的战争观；提出了以“文伐”为核心、“不战而屈人之兵”的全胜战略思想；对优秀将帅应具备的五种素质，即勇、智、仁、信、忠做了界定；强调战前应准确了解敌情，选择合适的战机，创造良好的战机，适时、适度地把握好战机；高度重视军事后勤工作，如人员配备、物资供给等；认为士兵训练要根据战场的需要和士兵的自身条件。综观《六韬》，既着眼于战争的根本性质、立足于仁德与道义，又细致地讨论了各种具体环境、具体条件之下的战争方略。它是我国第一部比较系统的早期军事理论著作，在宋代被列为《武经七书》之一，作为武学教本，成为武将们必读的兵书。

四、姜太公祠

姜太公祠位于临淄区城区东部，1993 年以姜太公衣冠冢为依托而建，总占地面积 30 000 平方米，是一组中国传统的中轴对称式殿堂庙宇建筑。大门的门楣悬有中国宗教学会会长赵朴初老先生题写的“姜太

公祠”四个大字。

主殿内正中供奉着姜太公彩绘圣像，两侧供奉有齐国的第二代国君齐丁公以及“春秋五霸”之首的齐桓公的圣像。殿壁上的壁画，展现了姜太公的生平事迹。西五贤殿供奉齐国的五位著名政治家、军事家，有管仲、孙武、孙膑、司马穰苴、田单；东五祖殿供奉道教的五位先祖，有东华帝君、吕洞宾、张天师、王重阳、丘处机。

从主殿穿堂而过，便是姜太公衣冠冢。姜太公去世后返葬于周，齐人感其恩德，在临淄修建了姜太公衣冠冢。冢高 18 米，南北 50 米，东西 55 米，在苍松翠柏的掩映下肃穆庄严。冢前立有墓碑，上书“武成王姜太公衣冠冢”。冢前立有花岗岩石柱坊，横梁上书“周师齐祖”四字，楹联为“葬衣冠永怀太公德，建祠宇重现武成光”。

姜太公祠建成后，被山东省政府定为淄博市唯一一处规定的道教活动场所，同时是山东省重点文物保护单位。

五、与姜太公相关的民俗

（一）民间建筑习俗

俗话说“民以食为天，民以居为地”，旧时，置房产是造福子孙的家庭大事，如今在民间，建房筑屋仍是件分量很重的事。老百姓盖新房上梁的时候，总要在梁头上贴一条红纸，写上“姜太公在此!”，意思是说，天下最大的神姜太公在这儿，妖魔鬼怪不要来。后来，慢慢变成了老百姓常用的一句歇后语：姜太公在此——诸神退位。这个习俗来源于姜太公的传说，据说封神时姜太公大公无私，最后所有的神都封完了，就剩下自己无处可去，没办法，他只好爬到人家新房的梁头上。还有的地方或人家贴“姜太公在此，百无禁忌”的红纸，这来源于姜太公的另一个传说。传说姜太公三次来到同一个地方，发现有一户人家总是在盖房子，他很纳闷，就问主人：“你家为什么年年要盖房子呢?”主人说：“别提了，我家房子一造好就被火烧掉。”姜太公说“你家这次上梁，我来看看”并叮嘱在上梁的隔夜多做些糕团。上梁那天，姜太公叫瓦匠、木匠将糕团搬到屋顶向下抛，四面八方的村民见到抛糕团，便纷纷前来争抢，一时间好不热闹。事后，主人家问姜太公为什么要这样做，姜太公说：“上梁时来抢糕团的人多，这些人各种生肖都有，十二生肖凑满，火神菩萨就不敢来烧了。”果然，房子盖好后一直没被火烧。后来，很多人便在建房子时就抛撒糕团或小饼，并贴上“姜太公在此，百无禁忌”的红纸，意思是有姜太公在这里，人们干什么事都顺利。

（二）民间泰山崇拜

泰山是中华民族儿女心中的神山、圣山、灵山，炎黄子孙无论在哪里，对泰山始终充满着深深的眷恋和崇拜之情。在诸多的泰山崇拜中，有两项与姜太公有关。

1. 姜太公就是“泰山石敢当”

关于“泰山石敢当”究竟是怎么来的，有多种说法。有的说是一块石头，有的说是姓石名敢当，还有一种说法是姜太公就是石敢当。

2. 姜太公封“泰山老奶奶”

民间称碧霞元君为“泰山老奶奶”“泰山老母”，是坐镇泰山，能为百姓赐福、消灾去难的女神，在民间极有影响，因而碧霞祠常年香火不断。传说碧霞元君是黄飞虎的妹妹，姜太公封神时本来要把东岳泰山封给黄飞虎，可黄飞虎的妹妹不答应，黄氏兄妹互不相让，争得面红耳赤。姜太公提议兄妹展开登山竞赛，谁先登上泰山，泰山就是谁的。黄飞虎的妹妹十分聪明，想出了一条妙计。比赛一开始，她先将自己的鞋子脱下一只，使了个神法，将鞋子扔到泰山玉皇顶上，然后不慌不忙地爬起山来。黄飞虎体力很好，早已爬到山顶，见妹妹晚到，便对她说：“我比你先到，泰山是我的！”妹妹说：“我早就到了，以为你在路上出了什么事，前去看看你。”黄飞虎不信，要看证据，于是妹妹领哥哥来到玉皇顶，去看自己早已放在那里的绣花鞋。尽管有证有据，黄飞虎还是不服气，认为妹妹欺骗他。最后兄妹二人达成妥协，妹妹住山上，哥哥住山下，二人共管泰山。姜子牙赶到泰山，见黄氏兄妹都协商妥了，便把哥哥封为泰山神，把妹妹封为碧霞元君，一个住山下天贶殿，另一个在山顶碧霞祠。

（三）民间春节习俗

春节是中华民族最重要的传统节日，节日里各种各样的民间习俗彰显、展现着中华传统文化的精华和魅力。在春节习俗中，有许多与姜太公有关。

1. 贴“福”字

传说姜太公封神时，封其妻为“穷神”，并对她说：“除了有福的地方，你都可以去。”从此，老百姓每逢过春节，家家户户都贴“福”字，以驱穷神。因为“穷神”是倒着看的，所以百姓一般把“福”字倒着贴。

2. 挂灯笼

山东青岛有些村庄有除夕下午设“天地堂”的习俗。“天地堂”是为供奉老天爷而设的。“天地堂”设在院子里，在桌子上扎一小棚，棚里面放着一个上写“天地三界十方万灵真宰”的神位；神位前放着香炉、供品，还挂一个灯笼，灯笼代表姜太公的席位。

第二节　平民军事家——司马穰苴

春秋战国时期有一位并不十分出名，但被尊称为中国古代名将“十哲”之一的著名军事家——司马穰苴。司马迁赞曰：“余读《司马兵法》，宏廓深远，虽三代征伐，未能竟其义。”意思是：我读了《司马兵法》，觉得它博大精深，即使夏、商、周三代的征伐战争，也没有完全达到它所阐明的道理。

一、个人生平

司马穰苴（生卒年月不详）本姓田，名穰苴，春秋末期齐国人，是田完（陈完）的后代，齐田氏家族的支庶。田氏家族在齐国是名门望族，齐桓公时，陈国发生内乱，陈完为避祸跑到齐国，改姓田。司马穰苴是继姜太公之后一位举足轻重的军事家，曾率齐军击退晋、燕入侵之军，因功被封为大司马，子孙后世称司马氏。

司马穰苴后因齐景公听信谗言，被贬黜，心情忧郁，不久病故。由于年代久远，其事迹流传不多，但其军事思想却影响巨大。唐肃宗时将田穰苴等历史上十位武功卓著的名将供奉于武成王庙内，被称为武庙十哲。宋徽宗时追尊田穰苴为横山侯，位列宋武庙七十二将之一。

二、人物经历及兵学成就

（一）严格执法

齐景公时，晋国出兵攻打齐国的东阿和甄城，燕国进犯齐国黄河南岸的领土。齐国的军队大败，齐景公为此非常忧虑。于是晏婴就向齐景公推荐田穰苴，说：“穰苴虽说是田家的庶出子孙，可是他的文才能使大家归服、顺从，武略能使敌人畏惧，希望君王能试试他。”于是齐景公召见了穰苴，跟他共同议论军国大事。齐景公非常赞赏他，立即任命他做将军，率兵去抵抗燕、晋两国的军队。穰苴说：“我的地位一向是卑微的，君王把我从平民中提拔起来，置于大夫之上，士兵们不会服从，百姓也不会信任。人的资历轻微，权威树立不起来，希望能派一位君王宠信、国家尊重的大臣，来做监军才行。”于是齐景公答应他的要求，派庄贾去做监军。

穰苴向景公辞行后，便和庄贾约定说：“明天正午在营门会齐。”第二天，穰苴率先赶到营门，立起了计时的木表和漏壶，等待庄贾。但庄贾一向骄纵显贵，认为司马穰苴率领的是自己的军队，自己又做监军，就没把穰苴放在眼里。已经到了正午，庄贾还没到来，穰苴就打倒木表，摔破漏壶，进入军营，巡视营地，整饬军队，宣布各种规章号令。等他部署完毕，已是日暮时分，庄贾才到来。穰苴问："为什么约定时刻还迟到？"庄贾解释说："朋友亲戚们给我送行，所以耽搁了。"穰苴说："身为将领，从接受命令的那一刻起，就应当忘掉自己的家庭；来到军队宣布规定号令后，就应忘掉私人的交情；擂鼓进军，战况紧急的时刻，就应当忘掉自己的生命。如今敌人侵略已经深入国境，国内骚乱不安，战士们已在前线战场暴露，无所隐蔽，国君睡不安稳，吃不香甜，全国百姓的生命都维系在你的身上，还谈得上什么送行呢！"于是把军法官叫来，问道："军法上，对约定时刻迟到的人是怎么说的？"回答说："应当斩首。"庄贾很害怕，派人飞马报告齐景公，请他搭救。报信的人去后不久，还没来得及返回，穰苴就把庄贾斩首，向三军巡行示众，全军将士既震惊又害怕。

过了好长时间，齐景公派的使者才拿着符节来赦免庄贾。车马飞奔直入军营，穰苴说："将领在军队里，国君的命令有的可以不接受。"又问军法官说："驾着车马在军营里奔驰，军法上是怎么规定的？"军法官说："应当斩首。"使者异常恐惧，穰苴说："国君的使者不能斩首。"就斩了使者的仆从，砍断了左边的夹车木，杀死了左边驾车的马，向三军巡行示众。又让使者回去向齐景公报告，然后就出发了。

（二）征战凯旋

将士们看到田穰苴说话算数，治军有方，有法必依，铁面无私，个个精神振奋、斗志昂扬。晋国的军队听到这个消息，不等交战，就吓得慌忙退走了。燕国的军队听到这个消息，连忙从黄河南岸退到黄河北岸。齐军乘胜追击，收复所有的失地。

齐军凯旋时，齐景公和文武百官都到郊外迎接，按照礼节慰劳全体将士。齐景公不但没有为杀庄贾的事怪罪田穰苴，而且还拜他为大司马，让他执掌齐国的军政大权。

治军贵在严，领军须有威；治军不严，将领无威，军队就不可能有战斗力，这样的军队是不可能战胜敌人的。从严治军就是要以法治军，树立军法军纪的权威。将领就是要通过严格执法执纪来树立威严。司马穰苴从严治军、以法治军，杀不守约定、违反军法军纪的监军庄贾，既树立了自己的威信，也教育了将士，从而增强了齐军的战斗力，击退敌军，收复失地。

（三）抑郁以终

田氏家族的势力在齐国日益壮大，引起大夫（古代官名）鲍氏、国氏、高氏的不满。一天，齐景公在宫中饮酒取乐，一直喝到晚上，意犹未尽，便带着随从来到相国晏婴的宅第，要与晏婴夜饮一番，被晏婴规劝拒绝了。离开晏婴的府第，齐景公又想起了田穰苴。于是，君臣一行又来到田穰苴的家中。田穰苴听说齐景公深夜造访，忙穿上戎装，持戟出门迎接，急问：“是有诸侯发兵了，还是有大臣反叛了？”齐景公笑着说：“没有。”田穰苴又问：“那您为什么深夜来我家？”齐景公说：“想到将军军务劳苦，想和将军共饮。”田穰苴回答说：“陪国君饮酒享乐，君王身边本就有这样的人，这不是大臣的职分，臣不敢从命。”

齐景公于是去了大夫梁丘的家里喝酒。次日，晏婴与田穰苴都上朝进谏，劝齐景公不应该深夜到臣子家饮酒。于是，鲍氏、高氏、国氏三大家族纷纷向齐景公进谗言，欲驱逐田穰苴以削弱田氏势力。齐景公采纳了鲍氏、高氏、国氏的意见，将田穰苴辞退。

田穰苴被贬后，心情忧郁，不久病故。

三、军事思想

《司马法》到战国初已经失传，齐威王“使大夫追论古者《司马兵法》”，并把司马穰苴的著作也附在其中，编成《司马穰苴兵法》。因此，《司马穰苴兵法》既包括有古代《司马法》的内容，又有司马穰苴对《司马法》的诠释和自己的著作。

至汉代已简称为《司马兵法》。司马迁说：“余读《司马兵法》，闳廓深远，虽三代征伐，未能竟其义。”刘歆著《七略》，把《司马兵法》归入《兵书略》，而班固作《汉书・艺文志》则把《司马兵法》归入《礼》书一类，作《军礼司马法》，内容有一百五十五篇之多。但在唐代，《司马法》的篇章已亡佚很多，由一百五十五篇减至数十篇。入宋以后，更减至五篇，即今传本《司马法》。

第一，《仁本》篇，主要论述以仁为本的战争观。

它把战争看成是政治的组成部分，是通过政治手段达不到目的时而采取的另一种权衡手段。所以它的战争观是：“以仁为本，以义治之”。这个战争观包括以下三个核心内容：其一，“杀人而安人，杀之可也”；其二，“攻其国，爱其民，攻之可也”；其三，“以战止战，战之可也”。它虽然没有直接提出战争的正义性问题，但强调以仁为战争之本，实质上就接触到了这个问题。

从以仁为本的战争观出发，本篇提出的作战原则是：战争不能违背农时；战争不能在疫病流行时进行；战争不能强加给有国丧的国家；战争不能在敌国受灾时发动，也不能在夏、秋两季兴兵，以爱护敌对双方的民。这些观点，直到春秋时期，列国还有遵行的。从仁本观念出发，本篇又提出：“国虽大，好战必亡；天下虽平，忘战必危。”的著名论

断。表现了它既反对战争，又不忘战争准备的进步态度。这种以仁为本的战争观，实际上正是周代以王者之兵为正义之师的思想的反映。

第二，《天子之义》篇，综论军事教育的各种法则。

开篇即提出，凡贤明的君主，不使用未经军事教育的士卒作战。军事教育包含贵贱等级观念；人伦道德规范；认识朝廷礼法与军中礼法的区别；树立不夸功、不争功的思想；以服从军令为核心的赏罚原则。

在治军原则上，《司马法》既反对治军过于严厉，又反对治军没有威严。主张恰当地使用民力、畜力、任用官吏和有技能的人。尤其在用人上，要善于选择、启用有德行、有道义、服从命令而又善良的人，要坚决排斥奸邪、残暴、武断专横以及恃勇逞强的人。在作战原则上，主张舒缓地进攻，徒不趋，车不奔，保持严整的战斗队形，即使追逐逃敌，也不可逾越战斗行列。这些古朴的战争观念和战术原则，反映周代早期的战争还保存着较多的原始性质。本篇还指出，将士在朝廷和在军队要表现出不同的气度。在朝廷要温文尔雅，谦虚谨慎；在军中则要勇猛果决，体现出礼与法、文与武相辅相成的精神。

第三，《定爵》篇，统论为进行战争而作准备以及阵法运用的原则。

从政治准备上说，有确定军中的爵位，制定赏罚措施，颁布治军原则与教令，征求各方意见，根据人心动向制定作战方略。人才、法纪、宣传、技巧、火攻、水战、兵器是军中七政，要努力搞好，充分发挥它们的作用。荣誉、利禄、耻辱、刑罚是军中的四种法纪，要将士严格遵守。

仁爱、信用、正直、统一、道义、权变、专断是治理军中乱政的原则，要运用得当。凡军中的规章制度，都要依据广大士卒的要求来制定，并在实践中得到检验，经反复执行形成“法规”。凡军中法制，要使人能接受，要清楚严明，要雷厉风行执行，树立法制权威。要规定军中各等级服制，并用颜色区别，坚决禁绝百官服制混乱。在军中，执法要“专”，不服从法纪者要制裁，从将军到士卒，上下都要“畏法”。要训练军队，熟练掌握“攻战守、进退止、前后序、车徒因”的各种战法，以便临机制敌。要演练阵法、布阵：行进时行列要疏，战斗时行列要密。兵器使用要多样配合，士卒要训练有素。

第四，《严位》篇，论述阵法的构成及如何利用各种阵式作战。

提出对军阵作战的总要求：士卒在阵中的位置不可变更；阵中军政要森严，整体力量要轻锐敏捷，士气要深静，意志要统一。阐述阵法的构成：阵中要依人的不同才智，授予一定职位，编制好卒伍，固定行列，调整纵横次序，做到名符其实。利用军阵作战的要点是：兵力充实，阵营巩固，能持久；士气旺盛，处于危地能取胜；车兵采取密集队形，徒兵采取坐战姿式，战阵可以稳固。利用军阵作战要懂得：布阵难，使士卒熟悉阵法更难，而灵活运用阵法又比士卒熟习阵法难。

凡是军中命令，下达给全军的，三天内要执行；下达给卒（百人）的，半天内要执行；下达给个别人的，要马上执行。在军中要用仁、义、智、勇、信、利、功等各种方式鼓励士卒勇往直前、克敌制胜。在军中，将吏要谦让和蔼，融洽团结，推功揽过，让士卒心悦诚服，奋勇效力。战胜要不骄不懈，战败要承担责任。用法令约束战士轻视死亡，用道义教育战士勇于为正义牺牲。军中教育要因地、因人而宜，重在道德教化。

第五，《用众》篇，主要论述临阵待敌、用众用寡、避实击虚的战略、策略原则等。

以兵力的众、寡作为一对矛盾概念，提出用众、用寡的策略原则：用众要求部队严整不乱，适于正规作战，适于进攻，适于包围敌人或者分批轮番攻击；用寡要求阵营巩固，适于能进能退，适于虚张声势迷惑敌人，适于出奇制胜。作战应采用灵活机动的战略战术。选择作战地点要“背风背高，右高左险”。在作战中，摆好阵势后不忙于交战，看敌人怎样行动，再相应进行动作。敌人设好圈套，我方不要顺敌意进攻，等待敌军主力的行动。如敌人进攻，则集中兵力乘隙打击它的弱点。

凡追击逃敌，不要停止。如敌人中途休息，则考虑它的企图。凡逼近敌人的都城，进攻必研究好道路，后退必考虑好计划。两军作战，行动不要过早或过迟，以免使军队疲惫或丧失斗志。在火攻时，要选拔优秀战士作前锋部队。舍弃笨重装备，少带粮食，以激励战士拼死战斗的决心。

《司马法》在讲论古代军政事务和战略战术原则中，是教导人从实际出发，从客观存在的天、地等自然条件和人力、物力等物质条件出发来考虑问题。它提出了一系列对立统一的法则，如大小、多少、强弱、虚实、攻守、疏密、动静等，要求人们从发展变化中看问题。这些都是符合古代朴素唯物论和辩证法精神的。

第三节　东方兵学的鼻祖——孙武

曹操说“吾观兵书战策多矣，孙武所著深矣”；李世民说“朕观诸兵书，无出孙武”；拿破仑说“如果我早一点读到《孙子兵法》，我是不会失败的”……孙武的军事智慧集中体现在《孙子兵法》这部著作里。

一、人物生平

（一）简介

孙武（前 544—前 470 年），春秋时期齐国乐安（今山东广饶）人，被后人尊称为孙子、孙武子、兵圣、百世兵家之师、东方兵学的鼻祖。大约活动于公元前六世纪末至前五世纪初，由齐至吴，经吴国重臣伍子胥举荐，向吴王阖闾进呈所著兵法十三篇，受到重用为将。

其著有巨作《孙子兵法》十三篇，为后世兵法家所推崇，被誉为“兵学圣典”，置于《武经七书》之首。他撰著的《孙子兵法》在中国乃至世界军事史、军事学术史和哲学思想史上都占有极为重要的地位，并在政治、经济、军事、文化、哲学等领域被广泛运用。被译为日文、法文、德文、英文，该书成为国际间最著名的兵学典范之书。

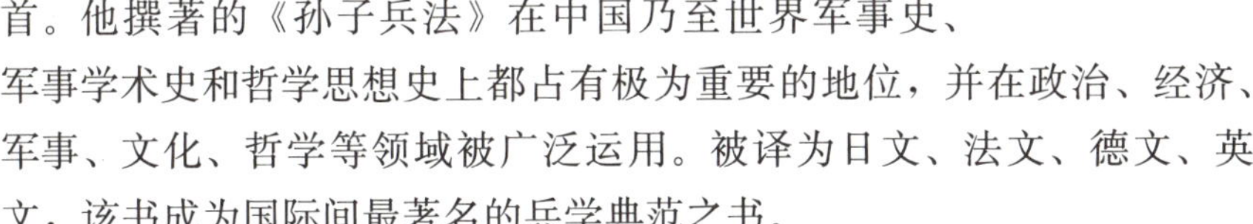

（二）个人经历

公元前 512 年伍子胥“七荐孙子”，使得阖闾同意了接见孙武。他带着自己所著的兵法来见吴王，阖闾暗自赞叹。任命孙武为吴将，与其探讨各种各样的军事及政治问题，都能获得满意的答案。

公元前 508 年，吴国采用孙子“伐交”的战略，策动桐国，使其叛楚。然后，又使舒鸠氏欺骗楚人说：“楚若以师临吴，吴畏楚之威势，可代楚伐桐。”十月，吴军乘楚人不备击败楚师于豫章；接着又攻克巢，活捉楚守巢大夫公子繁。

公元前 506 年，吴军采取孙子”因粮于敌”的策略，吃了楚人的食物而继续追赶。最后在孙武、伍子胥的直接指挥下，经过五次大战，只用了十几天工夫，就攻入了楚都郢。

吴王阖闾去世后，由夫差继位，他立志要报仇雪恨。孙武、伍子胥等大臣继续辅佐夫差，努力积蓄钱粮，充实府库，制造武器，扩充军队，经过三年，吴的国力得到恢复。

公元前 494 年，越王勾践进攻吴国。吴军由伍子胥、孙武策划，在夜间布置了许多”诈兵”，分为两翼，点上火把，向越军袭击，越军很快大败。接连吃了几次败仗后，勾践只得向吴屈辱求和。

孙武五十多岁的时候，至交好友伍子胥被杀，孙武转而隐居乡间，修订其兵法著作。于公元前 480 年（卫庄公元年）左右，卒。从退隐到寿终，孙武一直没有离开吴国，死后则葬于吴都郊外。

二、兵学成就

作为一部论述军事领域内部联系和规律的兵学著作，《孙子兵法》

以高屋建瓴的眼光，从战略高度论述军事问题以及解决之道，被尊奉为“百世兵家之师”。《孙子兵法》内容丰富，几乎囊括军事学的各个领域，如备战、治军、行军、作战、养战等。

（一）慎战备战思想

春秋时期，诸侯争霸，战争频繁，战争关系到国家的存亡，其重要性不言而喻。《孙子兵法》在第一篇《计篇》中指出：“兵者，国之大事，死生之地，存亡之道，不可不察也。”孙武深知战争的危害，因而在《火攻篇》中告诫统治者：“亡国不可以复存，死者不可以复生，故明君慎之，良将警之。”然而，慎战并不意味着不战。孙武对春秋时代有着清醒的认识，深知战争不可避免，因而极为重视备战。《九地篇》中指出“用兵之法，无恃其不来也，恃吾有能以待之也。无恃其不攻吾也，恃吾有所不可攻也”。孙武强调“吾有备，敌不攻”，进而来保证国家的太平。此外，孙武在《谋攻篇》中指出“是故百战百胜，非善之善者也。不战而屈人之兵，善之善者也”“必以全争于天下”等，可见其慎战备战思想。

（二）文武治军理论

军队战斗力的强弱直接影响到战争的胜败，而军队战斗力的强弱与治军密切相连。孙武在《行军篇》中指出“令之以文，齐之以武，是谓必取”。令文齐武作为《孙子兵法》中的主要治军理论，一直影响至今。其治军理论主要包括严明责罚、严格训练、慎重选将、将权贵一、善待士卒等方面。《计篇》提出了“料战七计”，即主孰有道、将孰有能、天地孰得、法令孰行、兵众孰强、士卒孰练、赏罚孰明，肯定了赏罚将士和训练将士的重要性。同时，《计篇》具体列出了将帅的条件“智、信、仁、勇、严”，可见选将也至关重要。《孙子兵法》提倡“君命有所不受”，将其定为一条重要的治军原则，为后世诸多名将奉行。同时，孙武在《作战篇》中指出对敌军俘虏应“卒善养之”，这样可以“胜敌而益强”。

（三）校计索情之法

战争取胜的前提在于知己知彼，因而了解敌我双方的实际情况显得尤为重要。《计篇》提出“五事七计”，用于判断衡量我方的实力。间谍作为掌握敌情的重要手段，孙武在《用间篇》中对其种类、特点、使用方法进行了详细的描述，他指出“非圣智不能用间，非仁义不能使间，非微妙不能得间之实”。间谍是“三军之所恃而动也”，可见其重要性。孙武认为只有了解敌我双方的具体情况，才能保证“百战不殆”。

（四）因敌制胜之道

战争是敌我双方的较量，取胜的条件由敌我双方掌握。只有针对敌

方的变化而采取相应的变化，我方才能获得更多的取胜条件，因而《孙子兵法》提出作战应该“因敌制胜”。因敌的前提是“知敌之情实”。为此，《行军篇》中列出了三十余条“相敌之法”。战争的艺术在于掌握主动权，谁能牢牢掌握战争的主动权，谁就可以立于不败之地。孙武认为掌握主动权的关键在于“致人而不致于人”，最终以达到“善攻者，敌不知其所守。善守者，敌不知其所攻”的境界。此外，《势篇》中的造势任势和奇正思想，《虚实篇》中的避实击虚思想，都是“致人而不致于人”的重要方法。

（五）行军作战之术

战争中最主要最核心的部分是行军作战，孙武深知这一点，在《孙子兵法》中关于行军作战的内容占全篇的绝大多数。孙武凭借渊博的知识，高度概括军队在行军作战时的方法和战术。孙武在《计篇》中提出“施计十二术”，亦称“诡道十二法”，用以指导作战。在《谋攻篇》中，孙武列出了“用兵六则”，即“十则围之，五则攻之，倍则分之，敌则能战之，少则能逃之，不若则能避之”，从而可以“小敌之坚，大敌之擒也”。在《军争篇》中提出“作战八法”，即“高陵勿向，背丘勿逆，佯北勿从，锐卒勿攻，饵兵勿食，归师勿遏，围师必阙，穷寇勿迫”，以及《行军篇》中的“相敌三十二法”，都是孙武对军事学深入研究后的高度总结。

三、军事思想

治军思想。《孙子兵法》一书在治军方面，提出了“将”与“法”并重的思想。它认为“将者，国之辅”，“知兵之将，民之司命，国家安危之主也”。它明确提出将帅应具备“智、信、仁、勇、严”五个条件，一般称之为“五德”，并把“智”放在首位，强调将帅的指挥才能、谋略素养。同时以“法”、“令”统一军队的行动，提出了“令之以文，齐之以武”，恩威兼施，刑赏并重的治军原则。

重战思想。《孙子兵法》一书开宗明义第一句话就指出：“兵者，国之大事，死生之地，存亡之道，不可不察也。”承认并提示人们用兵打仗是国家的大事，它关系到国家的生死存亡，是不可不认真研究考察的。《孙子》所说的战争，是指新兴地主阶级为夺取和巩固政权而进行的战争。在当时的历史条件下，这种战争具有推动社会进步的意义。当然，由于阶级和历史的局限，在分析战争问题时，没有也不可能揭示战争的本质，只能笼统地、直观地看到战争是有关生死存亡的大事。其重战思想，历来为政治家和军事家们所重视。

备战思想。《孙子兵法》一书提出了“无恃其不来，恃吾有以待也；无恃其不攻，恃吾有所不可以攻也”的观点，强调任何时候都不要寄希望于敌人不会来，不会进攻上面，而要依靠自己严阵以待，充分准备，使敌人无机可乘，做到无懈可击。《孙子》还指出：“是故军无辎重则亡，无粮食则亡，无委积则亡。”非常注重在兵力、器材、辎重、粮食等物资上的准备。这强调“有备无患”“有备者胜”的备战思想。

慎战思想。《孙子兵法》一书反对轻易用兵。它特别强调战争指导者对待战争要慎重，多次提醒明主和良将要“虑之”“修之”“慎之”“警之”。并指出：“主不可以怒而兴师，将不可以愠而致战。”应切实做到“非利不动，非得不用，非危不战。”“合于利而动，不合于利而止”。警告战争指导者不可感情用事，轻率决定战争行动。这就是后世所谓“从古知兵非好战”的思想。

四、孙武墓园

目前人们所知的“孙武墓园”甚至连衣冠冢都算不上，它只是一座纪念园。那么为什么要建这样一座墓园呢？真正的孙武墓又在哪里呢？根据《陆慕镇志》中的记载，孙武墓最早见诸典籍的是《越绝书》。《越绝书·吴地传》中记载：吴县“巫门外大冢，吴王客齐孙武冢也，去县十里”。巫门即如今的苏州平门，文物工作者由此推算出孙武墓的大概位置。但是除《越绝书》之外，再无史料明确记载孙武墓的地址。

第四节　身残志坚的军事家——孙膑

纵观齐国的历史，兵家纷争，你方唱罢我登场，群星璀璨，非常热闹。制鞋业、皮革业、烧炭业、豆腐业和泥塑业都一致推举一个人为祖神，他就是孙膑。

一、人物生平

孙膑，齐国阿（今山东阳谷东北）人，孙武的后代，大致与商鞅、孟轲同时期，为战国时兵家。他曾与庞涓同学兵法，当庞涓作魏惠王将军时，忌妒其才能，把他骗到魏国，处以膑刑（去膝盖骨），故称孙膑。后经齐国使者秘密载回，被齐威王任命为军师。他协助齐将田忌，设计先后大败魏军于桂陵、马陵。著有《孙膑兵法》一书。

唐德宗时将孙膑等历史上六十四位武功卓著的名将供奉于武成王庙内，被称为武成王庙六十四将。宋徽宗时追尊孙膑为武清伯，位列宋武庙七十二将之一。

二、兵学成就

（一）田忌赛马

田忌经常与齐国诸公子赛马，设重金作为赌注。孙膑发现比赛的马脚力都差不多，可分为上、中、下三等，于是建议田忌加大赌注，并且向他保证必能取胜。于是田忌与齐威王和诸公子设千金作为赌注，比试赛马。孙膑让田忌用下等马替换上等马，与齐威王的上等马比赛，首场大败。随后孙膑又让田忌用上等马替换中等马、用中等马替换下等马，分别与齐威王的中等马及下等马比赛，结果田忌两胜一负，最终赢得齐威王的千金赌注，孙膑由此名声大振。田忌赛马揭示军事上的一条重要规律：着眼全局，舍弃局部，出奇制胜。孙膑在“田忌赛马”中所采用的方法，被视为对“策对论”的最早运用。

田忌将孙膑推荐给齐威王，齐威王向他请教兵法并让他担任自己的兵法教师。

（二）桂陵之战

公元前354年，赵国进攻魏国的盟国卫国，夺取了漆及富丘两地（均在今河南省长垣县），魏国派兵包围赵国首都邯郸（今河北省邯郸市）。次年，赵国派使者向齐楚两国求救。齐威王召集大臣们商议，邹忌反对救援，而段干朋则建议齐威王分兵一路向南攻打襄陵（今河南省睢县）来使魏军疲劳，然后趁魏军攻破邯郸后救援赵国，这样既援救了赵国，又同时削弱了魏赵两国。齐威王采纳了段干朋的建议。公元前353年，齐军兵分两路：一路与宋国景敌、卫国公孙仓所率部队会合，围攻魏国的襄陵；另一路由田忌、孙膑率领援救赵国。齐威王打算让孙膑担任主将，但孙膑以遭受过酷刑、身体有残疾为由拒绝。于是齐威王任命田忌为主将，孙膑为军师，让其坐在车子中出谋划策。此时魏军主力已攻破赵国首都邯郸，庞涓率军八万到达茬丘，随后进攻卫国。齐国方面，田忌、孙膑率军八万到达齐、魏两国边境地区。田忌想要直接与魏军主力交战，但被孙膑阻止。孙膑认为魏国长时间攻打赵国，大部分主力消耗在外面，老弱疲惫于国内，外强中干，应当采用声东击西、围魏救赵的战术，直捣魏国首都大梁迫使魏国撤军，魏国一撤军，赵国自然得救。孙膑建议田忌南下佯攻魏国的平陵（今山东省定陶县东北），使庞涓产生齐军主将指挥无能的错觉。田忌采纳孙膑的计谋，拔营向平陵进军。接近平陵时，孙膑向田忌建议由临淄、高唐两城的都大夫率军直接向平陵发动攻击，吸引魏军主力，果然攻打平陵的两路齐军大败。孙膑让田忌一面派出轻装战车，直捣魏国首都大梁的城郊，激怒庞涓迫使其率军回援；一面派出少数部队佯装与庞涓的部队交战，故意示弱使其轻敌。田忌按孙膑的要求一一照办，庞涓果然丢掉辎重，以轻装急行军昼夜兼程回救大梁。孙膑带领主力部队在桂陵设伏，一举擒获庞涓。

桂陵之战并没有击溃魏军主力，齐国也没有正式进攻魏国首都大梁，赵国首都邯郸仍为魏国所占领。公元前 352 年，魏惠王调用韩国的军队击败包围襄陵的齐、宋、卫联军，齐国被迫请楚国大将景舍出面调停，各国休战。公元前 351 年，魏惠王与赵成侯在漳河边结盟，撤出赵国首都邯郸。大约在此时，齐国将庞涓释放，使其回魏再度为将。

（三）马陵之战

公元前 342 年，魏将穰疵在南梁和霍击退韩将孔夜的军队，韩昭侯派使者向齐国求救。田忌向齐威王建议，趁韩魏之兵还未疲惫就出兵，等于代替韩军遭受魏军的攻击，反而会受制于韩，晚救韩等待魏军疲惫，韩国危在旦夕一定会求救于齐国，这样可以名利双收。齐威王十分赞同田忌的观点，秘密与韩国使者达成协议，但没有立即派出援军援助韩国。而韩国自恃有齐国的援助，与魏国作战，但接连五次战败，不得不求救于齐国。齐威王于是派田忌、田肦为主将，田婴为副将，孙膑为军师，率军援助韩国。

孙膑再次采用围魏救赵的战术，率军袭击魏国首都大梁。庞涓得知消息后急忙从韩国撤军返回魏国，但齐军此时已向西进军。孙膑考虑到魏军自恃其勇，一定会轻视齐军，况且齐军也有怯战的名声，应采用诱敌深入的战术，引诱魏军进入埋伏圈后加以歼灭。孙膑命令进入魏国境内的齐军第一天埋设十万个做饭的灶，第二天减为五万个，第三天减为三万个。庞涓行军三天查看齐军留下的灶后非常高兴，说："我本来就知道齐军怯懦，进入魏国境内才三天，齐国士兵就已经逃跑了一大半。"于是丢下步兵，只带领精锐骑兵日夜兼程追击齐军。孙膑估算庞涓天黑能行进至马陵，马陵道路狭窄，两旁又多是峻隘险阻，孙膑于是命士兵砍去道旁大树的树皮，露出白木，在树上写上"庞涓死于此树之下"，然后命令一万名弓弩手埋伏在马陵道两旁，约定"天黑能在此处看到有火光就万箭齐发"。庞涓果然当晚赶到砍去树皮的大树下，见到白木上写着字，于是点火查看。字还没读完，齐军伏兵万箭齐发，魏军大乱。庞涓自知败局已定，于是拔剑自刎，临死前说道："遂成竖子之名！"齐军乘胜追击，歼灭魏军十万人，俘虏魏国主将太子申。经此一战，魏国元气大伤，失去霸主地位，而齐国则称霸东方。

（四）走为上策

成侯邹忌一向与田忌不和。马陵之战后，孙膑对田忌说："将军有意做一番大事吗？"田忌不知所以，孙膑说："将军最好不要解除武装返回齐国，而是让那些疲惫老弱的士兵来把守住主地。主地的道路狭窄，

车辆只能依次通行，碰撞摩擦而过。如果让那些疲惫老弱的士兵把守住主地，定能以一当十，以十当百，以百当千。然后将军背靠泰山，左有济水，右有高唐，辎重可直达高宛，只需轻车战马就可以直冲齐国首都临淄的雍门。如此，齐国的大权就可以由将军掌握决定了，那时候邹忌必定出逃，否则将军有可能不能安全地返回齐国。”但田忌没有听从孙膑的劝告。

后来邹忌派公孙阅令人携带重金招摇过市，找人占卜，自我介绍道：“我是田忌将军的臣属，如今将军三战三胜，名震天下，现在欲图大事，麻烦你占卜一下，看看吉凶如何？”卜卦的人刚走，公孙阅就派人逮捕占卜的人，在齐威王面前验证这番话。田忌闻讯后大为恐慌，被迫出奔至楚国，后被楚宣王封于江南。孙膑也随田忌来到楚国，有可能一起去了田忌在江南的封地，与弟子潜心著述。《孙膑兵法》的大部分篇章，可能是在楚国完成的。齐宣王继位后得知田忌被陷害，将田忌召回国内官复原职，孙膑也返回齐国。《太平御览》记载，孙膑曾为齐宣王献上收服燕赵两国来对抗秦国的计策。后孙膑返回故地乐安颐养天年。辞官隐居后的孙膑开始著书和教学，结合理论与实践，整理出《孙膑兵法》十六篇传世。

而班固的《汉书》和曾巩的《战国策序》却记载孙膑不得善终。孙膑有子孙胜，字国辅，担任秦国将领。据记载，三国时期的东吴孙氏家族就是孙武、孙膑的后代。

三、军事思想

孙膑的军事思想主要集中于《孙膑兵法》。

（1）在战争观方面，孙膑主张重视、慎重地对待战争。他强调战争是国家政治生活中解决问题的一种重要手段，只有以强有力的武力作为保障，才能够使国家安定、富强。但是他反对穷兵黩武，指出作战胜利能够挽救濒临灭亡的国家，但战败也同样会失去土地、危害社稷，一味好战必然会灭亡，所以必须慎重地对待战争，既不可不用也不可滥用。孙膑主张积极地做好战争的准备工作来获得胜利，这样才能做到以战争抑制战争。他指出政治和经济条件是决定战争胜负的基础，“强兵”必先“富国”，只有具备强有力的政治和经济后盾才能做到“事备而后动”。他又指出民心军心是取得战争胜利的决定性因素，所以战争必须顺应民心军心，要做到“得众”“取众”。

（2）在战争认识论方面，孙膑提出将领要知“道”，“道”就是战争的规律。孙膑认为作战时人众、粮多、武器精良等因素都不足以保证取胜，只有掌握了战争的规律，了解敌我双方情况，指挥得当，才能保证取胜。为此他专门阐述了积疏、盈虚、径行、疾徐、众寡、佚劳六对相互对立又相互转化的矛盾，还对“奇正”进行了深层次的分析，认为将领只有真正认识到这些矛盾的作用，把握这些矛盾的转化规律，才能利用微妙的变化出奇制胜。

（3）在战略思想方面，孙膑强调“必攻不守”。在敌众我寡、敌强我弱的情况下，积极主动地进攻敌人防守的薄弱环节，不仅能够有效地歼灭敌人的有生力量，而且能够转换攻守形势，掌握战争的主动权。

（4）在战术方面，孙膑提出“因势”“造势”的思想。充分利用敌我双方的条件，制造有利于我方的态势，以扭转敌众我寡的不利形势。

（5）在具体的战术方面，孙膑对阵法进行了专门论述，进而分析攻击各种战阵的对策。他还专门论述攻城的问题，把处在不同地形的城分为难攻的雄城和易攻的牝城两类，论述攻城的策略与技术。

（6）在军队建设、管理方面，首先，对君主和将领的关系进行分析。将领必须忠于君主，君主不应该干涉将领的具体军务，将领要有独立的军事指挥权。其次，对将领的素质进行了较多的论述。将领应当具备义、仁、德、信、智五个要素，还分析了能够导致将帅作战失败的品德缺陷。最后，就管理队伍的问题进行论述，概括为任用贤能、严明纪律、奖惩公平、赏罚及时几个方面。

孙膑的军事思想也有其阶级和时代的局限性。如他对战争的性质分辨不清，把士兵纯粹当作被驱使的工具，有些战略战术的表述过于简单片面，有时还夹杂着迷信观念，这些是应当辩证看待的。

四、孙膑墓园

孙膑墓位于山东省菏泽市鄄城县箕山镇孙花园村东北 500 米的向阳河东岸。1990 年，此地出土了明嘉靖三十七年（1558 年）重亿城寺的墓碑一块，上刻有“膑墓址深邃”，经考证确定孙膑墓址在此。经孙氏族人重建，孙膑墓占地 600 平方米，其中墓丘直径 4 米，封土高 3 米，立有县级重点文物保护单位石碑。

五、与孙膑相关的传说

孙膑在民间享有很高的声誉，传说孙膑被庞涓暗害后，为保护伤腿，用兽皮制成有史以来第一双过膝皮靴，后世的靴匠将孙膑尊为祖神。

传说孙膑被挖膝之后，只好跪步行走，需要用皮张裹缠膝部。因为带毛的原皮非常硬，磨得膝部非常疼，他就将皮子去毛后加工柔软，使用起来更舒服方便，从此便出现了皮革业，而孙膑也成了这个行业的始祖。

传说鬼谷子让孙膑、庞涓二人外出寻找“无烟柴”，孙膑在乌鸦“哇哟”的叫声提示下挖窑烧炭，找到“无烟柴”，鬼谷子对孙膑十分满意，而庞涓则对孙膑更加忌恨。从此，人们把孙膑尊为烧炭业的祖神。

传说鬼谷子为考验孙膑、庞涓而假装生病。孙膑为了让老师吃点有营养的东西，就磨了豆浆，正巧他晾的盐被露水化成盐水流进豆浆，豆浆凝固变成了豆花。鬼谷子吃完豆花后，夸奖了孙膑，要求孙膑再做点。庞涓十分嫉妒孙膑，偷偷地往盐水里加了点石膏水，没想到制成了豆腐。从此以后，人们就把孙膑和庞涓供奉为豆腐业的祖师爷和保护神。

传说孙膑曾流落至吴地以做泥人为生，后来孙膑出任齐国军师，以泥人、泥马布阵，破了庞涓的"五雷阵"。无锡惠山人传承了孙膑捏泥人的技艺，孙膑也被无锡惠山的泥塑从业者尊为开业祖神。

头脑风暴

1. 姜太公主要的军事思想有哪些？为什么说姜太公既有才又有德？

2. 为什么说司马穰苴是承前启后的军事家？司马穰苴的事迹对现代职场有何借鉴意义？

3. 孙武对中国军事文化的发展做出了怎样的贡献？

4.《孙子兵法》对现代企业管理有什么启迪作用？

5. 孙膑的故事对你的人生有什么启迪意义？孙膑的思维方式与其他人有什么不同？

参考文献

1. 耿天勤. 齐鲁两国的史官、著作及其影响［J］. 管子学刊，1998（1）：65－69.

2. 邱文山. 齐文化与鲁文化之比较［J］. 淄博师专学报，1996（2）：17－20.

3. 刘斌. 齐文化对孔孟思想的影响［J］. 管子学刊，1995（4）：23－26.

4. 张富祥. 齐鲁文化综论［J］. 文史哲，1988（4）：3－11.

5. 郭素森. 齐鲁文化与职场智慧［M］. 北京：中国文史出版社，2013.

6. 仝晰纲，李梅训. 齐鲁文化通俗读本［M］. 济南：山东人民出版社，2011.

7. 司马迁. 史记［M］. 北京：中华书局，1959.

8. 管仲. 管子［M］. 上海：上海古籍出版社，1989.

科技先驱

“罢黜百家，独尊儒术”后，儒学成为山东乃至中国的主流文化，虽然极端推崇“形而上”的“道”的诠释，百般鞭笞“形而下”的“器”的致用，但其他诸家并没有被灭绝，而是在民间和官场顽强地生存着、发酵着、创新着，使山东历朝历代在天文、数学、农学、科技发明等领域一直处在时代的巅峰，他们以经世致用的高尚情操、坚忍不拔的创新精神、前无古人的丰硕成果向世人展示了一个千古不变的真理：科学创新精神是齐鲁文化的重要基因。

习近平总书记在二十大报告中指出：高质量发展是全面建设社会主义现代化国家的首要任务。当前我国经济发展中的矛盾和问题集中体现在高质量发展还有许多卡点瓶颈，主要是快科技创新能力还不强、供给体系质量还不高、资源要素投入消耗较大等，尽快形成创新驱动、节约集约的高质量发展方式，完善科技创新体系，强化国家战略科技力量，提升国家创新体系整体效能，对我国经济持续健康发展乃至现代化建设顺利推进都有重大意义。新时代大学生应增强本领，敢于担当，为我国构建创新型国家贡献自己的一份力量。

通过本章的学习，你将能够深深感受到科学的独特魅力；了解齐鲁文化中的科技达人及其丰功伟绩，切实感受到科技达人的个人魅力，这对了解整个齐鲁文化也有重要的历史意义和现实价值。

第一节　中国天文学的先驱——甘德

甘德是世界上最早进行天文学研究的天文学家，是世界天文学史的先驱和奠基人之一，其在天文历法等方面的贡献突出，特别是对恒星、行星等的观测及独树一帜创立了岁星纪年法，以其巨大的成就成为甘氏占星流派的创始人。在甘德留下的丰厚天文学遗产中，《甘石星经》是最为突出，也是影响最为深远的天文学巨著，仅次于公元前1800年的巴比伦星表，是世界上现存最早的天文学著作。

一、人物生平

甘德，战国时期山东人，大约生活于公元前4世纪中期，是先秦时期最著名的天文学家、占星家。他编制了世界上最古老的恒星表，相传由他测定的恒星有118座、511个。他著有《天文星占》八卷（今佚）。石申，战国中期魏国天文学、占星学家，开封人，著有《天文》八卷（西汉以后此书被尊为《石氏星经》）等。《天文》八卷与甘德的《星占》八卷，合称《甘石星经》，《甘石星经》在中国和世界天文学史上都占有重要地位。

二、主要成就

甘德和石申等天文学家都建立了各自不同的全天恒星区划命名系统，其方法是依次给出某一星官的名称与星数，再指出该星官与另一星官的相对位置，从而对全天恒星的分布、位置等予以详细的描述。

由于各个天文学家观点不一，因此三国时期的陈卓在总结甘德、石申和巫咸三人观点的基础上，得出了我国古代经典的283星官1 464星的星官系统，其中甘氏星官就包括了146座，甘德的贡献与影响巨大。他对于行星的观测和研究一直有相关记载，他发现了火星和金星的逆行现象，并得出“去而复还为勾”“再勾为巳”，把这种从顺行到逆行再到顺行的运动轨迹详细地描述为“巳”字形。甘德还建立行星会合周期的概念，并且测得了木星、金星和水星会合周期值。更给出了一个会合周期内见伏的日数，指出不同会合周期中某些星座顺行、逆行中见伏的日数可能存在的幅度变化现象。虽然甘德的这些测量数据并不十分准确，但是却为后世进行详细的行星测量奠定了基础。

（一）恒星的观测

据《玉海》引《赣象新书》说：“甘德中官星五十九座，共二百一星，平道至谒者；外官三十九座，共二百九星，天门至青上；紫薇恒星二十座，共一百一星。共计一百一十八座，五百一十一星。”甘德对于恒星的发现，虽因原著丢失而无从考证，但是在当时没有精密仪器，仅靠肉眼观测的情况下，能够得到如此详细的数字，已经十分惊人了，甘德制作的这一恒星表被认为是世界上最古老的恒星表。

（二）甘氏四七法

甘氏岁星法即甘氏四七法。何为“四七法”？它是天文学上岁星纪年法的一种，是以二十八星宿来测量日、月等天体活动的方法。由于原书《甘氏四七法》已经散失，只能从其他相关书籍中去查询。据《史记·天官书》《开元占经·岁星占》《律书》记载，二十八星宿的方位和星名是东方七宿：角、亢、氐、房、心、尾、箕；南方七星：井、鬼、柳、星、张、翼、轸；西方七星：奎、娄、胃、昴、毕、觜、参；北方七宿：斗、牛、女、虚、危、室、壁。

（三）划时代的成就——行星运动研究

甘德推算出木星的回合周期为400天整，比准确数值398.88天差1.12天；并发现木星运动有快有慢，经常偏离黄道；对于水星的回合周期，虽然比实际数值115日误差了21日，但是初步认识水星的运动状态和见伏行程的四个阶段，已经基本掌握了水星的运行规律。甘德发现了火星的逆行现象，测算出的火星行度周期虽与实际周期相差较大，但依然对后世研究火星提供了宝贵的数据。

（四）木星专著《岁星经》

《开元占经》曾引录甘德关于木星所说的话：“若有小赤星附于其侧。”天文学史专家席泽宗先生也指出：甘德在公元前4世纪中期就观测到了木星的卫星——木卫二。而对于这颗卫星在近代最早的探究，也只是在17世纪初发明望远镜后由伽利略初步探究发现的。甘德的这一发现早于伽利略近两千年，仅靠肉眼就发现了卫星，这不得不说是一个奇迹。

（五）岁星纪年法

在历法方面，甘德更是独树一帜，创立了以12年为周期的治、丰、乱、水、欠、旱等预报方法。一般的纪年方法是以太岁、太阴、岁阴为名称，但是甘氏岁星法用的是摄提格。摄提格既是其岁星纪年中的第一年岁名，又是用以纪岁的一种标志物。在其岁星纪年中第一、二年用“摄提格”，第三年以后则皆用“摄提”，这一命名由摄提转化而来。摄提格是星名，在大角星附近斗杓所指的延长线上。古人用它与斗杓配合以确定季节，摄提格是太岁星。

（六）最古老的星表

我国是天文学发展最早的国家之一。由于农业生产和制定历法的需要，我们的祖先很早就开始观测天象，并用以定方位、定时间、定季节。春秋战国时期，天文历法有了很大的发展和进步，司马迁在《史记·历书》中说：“幽、厉之后，周室微，陪臣执政，史不记时，君不告朔，故畴人子弟分散，或在诸夏，或在夷狄，是以其禨祥废而不统。”“畴人”即世代相传的天文历算家。当时诸国出于各自农业生产和制定历法等的需要，十分重视对天文的观测记录和研究。《晋书·天文志》有载：“鲁有梓慎，晋有卜偃，郑有裨灶，宋有子韦，齐有甘德，楚有唐昧，赵有尹皋，魏有石申夫，皆掌著天文，各论图验（各国的这些掌握天文的官员，根据天象的变化对统治者提出解释）。”这种百家并立的情况对天象的观测以及行星、恒星知识的认知，起着积极的推动作用。

在诸家之中，最具代表性的是甘德、石申。甘德主要是对天空中的恒星进行了长期的研究观测。甘德和石申的星表是世界上最古老的星表之一。

（七）甘氏占星流派创始人

甘德还是当时著名的占星家，是对后世影响深远的甘氏占星流派的创始人。占星术在我国商代以前就已经萌芽，到春秋以后非常盛行。从一开始用来指导农耕生活到深入到帝王继承，我国古代的天文学家大都以占星家的身份出现。到了战国时期，社会动乱，占星家将天象变化与社会治乱联系起来，虽有迷信的成分，但当时诸侯相争，当政者对这些占星家的建议是相当重视的。

三、典故轶事

楚汉相争，各路诸侯摇摆不定，甘德对张耳说：“汉王之入关，五星聚东井。东井者，秦分也，先至必王。楚虽强，后必属汉。”张耳听后，下定决心，投奔了刘邦。由此可见，甘德在当时确实因擅长占星术而受到倚重，甘德所说的“五星聚东井”，后来被人们称为“汉之兴”的预兆。

第二节　土木工匠们的祖师——鲁班

鲁班作为土木工匠们的祖师、古代最为出色的发明家之一，著有《鲁班书》《鲁班经》等对后世影响深远的著作，发明曲尺、墨斗、刨子、凿子。因其突出成就，当代还以其名字命名设立“鲁班奖”。

一、人物生平

鲁班，相传姓公输，名般，亦作班、盘，或称公输子、班输。春秋时鲁国人（故里山东滕州）。“般”和“班”同音，古时通用，故人们常称他为鲁班。他出身于世代工匠的家庭，从小就跟随家里人参与过许多土木建筑工程，逐渐掌握了生产劳动的技能，积累了丰富的实践经验。鲁班是我国古代最为出色的发明家，两千多年以来，他的故事一直在中国大地上流传，更被我国的土木工匠们尊称为祖师。

二、鲁班的主要成就

（一）锯子

传说锯子是鲁班所发明。考古学家发现，早在新时期时代，居住在中国的人类就会加工和使用带齿的石镰和蚌镰。这些便是锯子的雏形。早在鲁班出生前数百年的周朝，已有人使用铜锯，“锯”字也已出现。

关于鲁班发明锯子有一个广泛流传的传说，鲁班也因此被后人称为仿生学的先驱。

相传鲁班当时要替朝廷建造一座巨大的宫殿，需要很多木材，于是安排徒弟进山砍树。当时只能用斧头，不仅劳动量非常大而且效率低下。由于木材缺乏耽误了工程的进度，工程期限越来越近，但是却没有办法，鲁班非常着急。为此鲁班经常上山查看伐木的进程，有一次上山无意间抓了一把野草，手被划伤了，鲁班就产生好奇心，小小的叶子如何能划破手，于是摘下一片叶子来仔细观察，发现叶子两边长着许多小细齿，用手轻轻一摸，这些小细齿非常锋利，就是这些小细齿划破了他的手。后来鲁班又发现蝗虫能快速地咬断树叶，于是仔细观察蝗虫口部的结构，发现蝗虫的两颗大门牙上同样排列着许多小细齿，蝗虫正是靠这些小细齿来咬断树叶的。受这两件事情的启发，鲁班想到如果将其运用到伐木工具上，是不是也同样锋利。于是他先用大毛竹做成了带许多小锯齿的竹片，试着进行砍树，效果不错，但是竹片比较容易断，强度很差，不能持续使用，必须用一种强度和硬度比较高的材料来替代，鲁班想到了铁片。他立即让铁匠们制作带有小锯齿的铁片，然后到山上试锯树木。鲁班和徒弟各拉一端，在一棵树上拉了起来，一来一往，不一会儿就把树锯断了，又快又省力，锯子就这样发明出来了。

（二）曲尺

曲尺最早的名称是“矩”，又名鲁班尺，传说是鲁班发明的。

《墨子》中记载：“轮匠执其规矩，以度天下之方圆。”规矩，即圆规及曲尺。曲尺由尺柄及尺翼组成，相互垂直成直角，尺柄较短为一尺，主要为量度之用；尺翼长短不定，最长为尺柄一倍，主要为量直角、平衡线之用。木工以曲尺量度直角、平面、长短甚至平衡线。

关于曲尺最早的记述出现在南宋时期。明代刻本《鲁班营造正式》卷六更是有曲尺直尺图，图名为鲁班直尺；并在曲尺图中注明：曲尺者有十寸，一寸乃十分。凡是营建房屋门的尺度，均用鲁班尺。

（三）墨斗

墨斗是木工用以弹线的工具，传说是鲁班发明的。此工具以一斗形盒子贮墨，线绳由一端穿过墨穴染色，已染色线绳末端为一个小木钩，称为“班母”，传说为鲁班的母亲发明。班母通常离地面约一寸。固定之后，将已染色线绳向地面弹动，以此为地平直线标准。也可将班母固定于高处，墨斗悬垂，以墨斗之重量做坠力，将已染色线绳向壁面弹动，以此为立面直线标准。

（四）锁钥

周穆王时就已经有了简单的锁钥，形状如鱼。后来鲁班改进了锁钥，形状如蠡状，里面设有机关，只有用钥匙才能打开，这样就能替代人的看守。

（五）石磨

据《世本》记载，鲁班发明了石磨。传说鲁班将两块比较坚硬的圆石凿成密布的浅槽，合在一起，由人力或畜力拉动使它转动，就可以把米面磨成粉，这就是传统意义上的磨。在此之前，加工粮食都是将谷物放在石臼里用杵来舂捣，磨的发明就是将石臼的上下运动变为旋转运动，使杵臼的间歇工作变成连续工作，大大减轻了劳动强度、提高了生产效率，这是古代粮食加工工具的一大进步。虽然鲁班发明磨的真实情况已经无从查考，但是从考古发掘的情况来看，龙山文化时期（距今四千年左右）就已经有了杵臼，因此鲁班发明磨也是可能的。

（六）木鸢

木鸢又称为风筝，是一种民间的手工艺品。风筝最早是用木材制作的，因此在当时被称为木鸢。鲁班博学多才、心灵手巧，曾制作木鸢。后来木鸢被用来作为战事侦察工具。《墨子·鲁问》记载："公输子削竹木以为鹊，成而飞之，三日不下。公输子自以为至巧。"《渚宫旧事》记载："尝为木鸢，乘之以窥宋城。"

（七）打井

"古者穿地取水，以瓶引汲，谓之为井。"相传第一个在地下掘出水的人是舜帝，而第一个在山区打出深水井的人则是被誉为"百工圣祖"的鲁班。而今，位于济南趵突泉边的舜井，已作为五千年文明的源头供人膜拜，而根植在鲁南山区的鲁班井，仍以甘洌的清流滋润着万千苍生。

人类对水的需求自古都是靠江"喝"江、靠湖"喝"湖，不靠江不靠湖的就只能"穿地取水"。初期的水井因为技术有限，口大底小，不方不圆，充其量只能算是个"临渴掘井"的应急水坑。鲁班发现了这一掘井的弊病，发明了打井的技法，人们这才掌握了"下盘定位，编笆为筒"防治井体坍塌、泥沙俱下的本领，才出现了井壁以石砌垒的石井，以砖砌垒的砖井，以陶环套接的陶井，以沙灰捶抹的灰井，以木材构架的木井；才懂得了建井台防污水流入，筑井亭、井阁防杂物落内的一整套"造井宝典"。

传说拉水的滑轮也是鲁班发明的。当年鲁班看见乡亲们一头挑着瓦罐，一头挑着一团井绳走上井台，低头弯腰从几丈深的井里半天才提上来一罐子水，他觉得乡亲们太辛苦了，于是发明了拉水的滑轮，也就是后来经常看到的轱辘。根据这个原理，轱辘“转”成了风车，风车又“转”成了水车，这个发明转过去了两千多个春秋，造福了一代又一代人。

三、人物影响

（一）《鲁班经》

中国古代的建筑技术，正史很少记载，多是历代匠师以口授和抄本的形式薪火相传，直接由匠师自己编著的专书甚少。宋初木工喻皓虽然曾作《木经》，但早已失传，只有少量的内容保存在沈括的《梦溪笔谈》里。唯独明代的《鲁班经》流传至今。现有几种版本，具有重要的史料价值。这部书的前身，是宁波天一阁所藏的明中叶的《鲁班营造正式》，现已残缺不全。内容只限于房屋建筑，如一般房舍、亭台楼阁、畜厩等，不包括家具、农具等的制作技术。编排顺序比较合乎逻辑，先论述定水平垂直的工具，一般房屋的地盘样式及剖面梁架，然后是特种类型建筑和建筑细部，如驼峰、垂鱼等。另外，插图较多，与文字部分互为补充，且保存了许多宋元时期的手法。天一阁版本之后一百多年出现了万历本，更名为《鲁班经·匠家镜》，在书籍内容和编排上有较大的改动，但欠缺前面二十一页篇幅。后来根据万历本进行翻刻，得到了明末（崇祯）本，这一版全书完整。之后又出现了很多版本，但大都是从万历本或崇祯本衍化而来。

（二）鲁班奖

1987年中国建筑业联合会设立了“建筑工程鲁班奖”，主要目的是鼓励建筑施工企业加强管理，搞好工程质量，争创一流工程，推动中国工程质量水平的普遍提高。该奖是行业性荣誉奖，属于民间性质。1996年7月，根据建设部的决定，将1981年政府设立并组织实施的“国家优质工程奖”与“建筑工程鲁班奖”合并，奖名定为“中国建筑工程鲁班奖”。每年评选一次，奖励数额为每年45个。2017年1月17日，中国建筑业协会发布《中国建筑工程鲁班奖（国家优质工程）评选办法（2017年修订）》，规定鲁班奖每两年评选一次，获奖工程数额不超过240项。

四、典故轶事

（一）派“师傅饭”

六月十三日是鲁班诞辰日，木艺工人十分注重尊师重道精神，他们最尊崇的师傅就是鲁班，因此木艺工人非常重视这个节日。木工这一行流传至今，已经成为最为古老的行当，在建筑业里也一直占据着非常重要的地位，每年为祝贺师傅诞辰，都有一项特殊的活动，就是派“师傅饭”，即在师傅诞辰这一天用铁锅煮白米饭，加上粉丝、虾米、眉豆等。据说吃了“师傅饭”，小孩子可以和鲁班师傅那样聪明伶俐。在纪念师傅诞辰这一天，为了庆贺，还会请艺人来唱八音，或者请一台木偶戏来演出，极其隆重。

（二）有眼不识泰山

传说鲁班收了一个名叫泰山的徒弟，但由于泰山技艺欠佳，又不遵师训，因而被鲁班开除了。后来鲁班在集市上发现了有人在卖精美的竹器家具，于是便去找制作该家具的工匠，赫然发现工匠竟然是泰山，便说自己“有眼不识泰山”。这就是谚语“有眼不识泰山”的由来。

（三）班门弄斧

“班门弄斧”是与鲁班有关的一个成语。它的意思是在鲁班门前舞弄斧子，比喻在行家面前卖弄本领，不自量力。这个成语有时也用作自谦之词，表示不敢在行家面前卖弄自己的小本领。

第三节　中国古代杰出的数学家——刘徽

刘徽是世界上最早提出十进小数概念的人。作为现代被公认的中国历史上最杰出的数学家之一，刘徽的数学成就已得到国际的承认。但令人遗憾的是，历史上却没有留下有关他的详细生平史料。对于他的一生经历我们所知甚少，而且没有定论，但是他流传于世的伟大数学成就却不容忽视。

一、人物生平

刘徽是魏晋数学家，中国传统数学理论的奠基者。淄乡（今山东邹平）人，生平不详。他在魏景元四年（263 年）撰写的著作《九章算术注》以及后来的《海岛算经》，是我国最宝贵的数学遗产，也奠定了他在中国数学史上的不朽地位。

二、个人成就

刘徽在数学方面的贡献颇多，其数学成就大致分为两个方面。

（一）数学理论

（1）用数的同类与异类阐述通分、约分、四则运算，以及繁分数化简等的运算法则。在开方术的注释中，他从开方不尽的意义出发，论述无理方根的存在，并引进新数，创造用十进分数无限逼近无理根的方法。

（2）在筹式演算理论方面，先给率以比较明确的定义，又以遍乘、通约、齐同三种基本运算为基础，建立数与式运算的统一的理论基础，他还用“率”来定义中国古代数学中的“方程”，即现代数学中线性方程组的增广矩阵。

(3) 在勾股理论方面，逐一详细论证有关勾股定理与解勾股形的计算原理，建立了相似勾股形理论，发展了勾股测量术，通过对“勾中容横”与“股中容直”等的典型图形的论析，形成了中国特色的相似理论。

（二）面积与体积理论

刘徽用出入相补、以盈补虚的原理及“割圆术”的极限方法提出了刘徽原理，并解决了多种几何形、几何体的面积、体积计算问题。在继承前人研究的基础上提出了自己独特的见解，主要体现在以下几个方面：

(1) 割圆术与圆周率。他在《九章算术·圆田术》注中，用割圆术证明了圆面积的精确公式，并给出了计算圆周率的科学方法。他首先从圆内接六边形开始割圆，每次边数倍增，算到 192 边形的面积，得到 $\pi=157/50=3.14$，又算到 3 072 边形的面积，得到 $\pi=3\ 927/1\ 250=3.1416$，称为“徽率”。

(2) 刘徽原理。在《九章算术·阳马术》注中，他在用无限分割的方法解决锥体体积时，提出了关于多面体体积计算的刘徽原理。

(3)“牟合方盖”说。在《九章算术·开立圆术》注中，他指出了球体积公式 V=9D3/16（D 为球直径）的不精确性，并引入了“牟合方盖”这一著名的几何模型。这一模型是指正方体的两个轴互相垂直的内切圆柱体的贯交部分。

(4) 方程新术。在《九章算术·方程术》注中，他提出了解线性方程组的新方法，该方法运用了比率算法的思想。

(5) 重差术。在《海岛算经》中，他提出了重差术，采用了重表、连索和累矩等测高测远方法。他还运用“类推衍化”的方法，使重差术由两次测望发展为“三望”“四望”，而印度在 7 世纪、欧洲在 15—16 世纪才开始研究两次测望的问题。

三、著作影响

刘徽的著作不仅对中国古代数学发展产生了深远影响，而且在世界数学史上也具有极大的声望。由于刘徽巨大的数学贡献，因此很多书中都把他称作“中国数学史上的牛顿”。

《九章算术》是由官府组织力量编纂的一部官方数学教科书，对两汉时期数学的发展产生了很大的影响。东汉光和二年（179 年）一块铜版上的铭文规定：“大司农以戊寅诏书……特更为诸州作铜斗、斛、称。

依黄钟律历，《九章算术》以均长短、轻重、大小，以齐七政，令海内都同。”这说明该书在东汉时期不仅广为流传，而且度量衡研制涉及的数学问题也要以该书中的算法为依据。

《九章算术》不仅在中国数学史上占有重要地位，对世界数学的发展也有着重要的贡献。分数理论及其完整的算法，比例和比例分配算法，面积和体积算法，以及各类应用问题的解法，都在书中的方田、粟米、衰分、商功、均输等章节进行了相当详备的叙述；而少广、盈不足、方程、勾股等章中的开立方法、盈不足术（双假设法）、正负数概念、线性联立方程组解法、整数勾股弦的一般公式等内容都是世界数学史上的卓越成就。刘徽在算术、代数、几何等方面都有杰出的贡献。例如，他用比率理论建立了数与式的统一的理论基础，他应用出入相补原理和极限方法解决许多面积和体积问题，建立独具风格的面积和体积理论。他对《九章算术》中的许多结论给出严格的证明，他的一些方法对后世有很大启发，对现今数学也有可借鉴之处。

《九章算术》中所蕴涵的科学思想可谓极其深邃。逻辑思想、重验思想、极限思想、求理思想、创新思想、对立统一思想和言意思想等均是其科学思想的真实体现。刘徽集各家优秀思想方法，并加以创新而用于数学研究，使以《九章算术》为代表的中国传统数学发生了根本性的变化，并上升到了一个新的阶段，他是遥遥领先于中国传统数学领域的杰出代表，也堪称是世界数学泰斗。

第四节　农学研究的巅峰者——贾思勰

习近平总书记在二十大报告中指出：加快建设农业强国，扎实推进乡村产业、人才、文化、生态、组织振兴。这是我们党第一次郑重提出建设农业强国，必将对全党深刻认识新时代农业发展定位、完善农业政策体系、推动农业现代化建设产生重大影响。中国要强，农业必须强。推动我国由农业大国向农业强国转变，加快构建现代农业经营体系，加快农业绿色发展，优化农业生产布局，促进农业生产结构调整，是一项长期而艰巨的任务，需要我们去研究和借鉴古代的农业著作。

《齐民要术》是我国乃至世界上保存下来的最早的一部农业百科全书，在农学研究史上具有重大意义，以其精湛的内容和承前启后的伟力，把贾思勰推到农学家的位置，在中国农学史以至世界农学史上都占据重要地位。

一、人物生平

贾思勰，魏晋南北朝时期北魏农学家，生于北魏齐郡益都县（今山东寿光南）一个世代务农的书香门第，其祖上很喜欢读书、学习，尤其重视对农业生产技术知识的学习和研究，这对贾思勰的一生有很大影响，更为他以后编撰《齐民要术》打下了基础。成年以后，他走上仕途，曾经做过高阳郡（今河北高阳东）太守等，到过山东、河北、河南等地。每到一地，他都非常认真地考察和研究当地的农业生产技术，向一些具有丰富经验的老农请教，获得了不少农业方面的生产知识。后来，他回到故乡，开始从事农牧业活动，掌握了多种农业生产技术。约北魏永熙二年（533 年）—东魏武定二年（554 年），他分析总结写成农业科学技术巨作《齐民要术》。

贾思勰对农业的研究，不是停留在嘴上，或单单把别人的经验写在纸上。他是亲自去实践，在实践中总结经验、寻找农业生产的新方法与新技巧，并把这些经验与方法记录下来。例如，贾思勰为掌握养羊的经验，他买了 200 只羊，亲自去养。对种地，贾思勰更是不辞辛苦，到田头，住老农的窝棚，虚心向老农求教。他对如何提高土地的地力，使农作物不断从土地得到充足的养料，更有独到而精辟的见解。

二、主要成就

（一）建立了较完整的农学体系

《齐民要术》全书九十二篇，分为十卷，从开荒到耕种，从生产前的准备到生产后的农产品加工、酿造与利用，从种植业、林业到畜禽饲养业、水产养殖业，论述全面、脉络清楚、结构严谨。在学科类目划分上，按照每个项目在当时农业生产、民众生活中所占的比例和轻重位置来安排在书中的章节顺序。例如在饲养动物方面，先讲马、牛，接着叙述羊、猪、禽类，多是各按相法、饲养、繁衍、疾病医治等项进行阐述，对水产品养殖也安排一定的篇幅做专门阐述。叙述的农业技术内容重点突出，主次分明，详略适宜。元代的《农桑辑要》《王祯农书》、明代的《农政全书》、清代的《授时通考》四部大型农书均取材《齐民要术》。《齐民要术》中所载的种植、养殖技术原理原则许多流传至今，仍然具有重要的借鉴参考价值。

（二）将动物养殖技术向前推进了一步

《齐民要术》有 6 篇分别叙述养牛马驴骡、养羊、养猪、养鸡、养鹅鸭、养鱼。牲畜使用强调量其力能，饮饲冷暖要求适其天性，总结出“食有三刍，饮有三时”的成熟经验。养猪部分记载有给小猪补饲粟、豆

的措施。书中已注意到饲育畜禽等在群体中要保持合理的雌雄比例。“养羊篇”提出10只羊中要有2只公羊，公羊太少，母羊受孕不好；公羊多了，则会造成羊群纷乱。对养鹅、鸭、鸡、鱼等都提出了雌雄相关的比例关系，一般是鹅3雌1雄，鸭5雌1雄。池中放养雌鲤20尾则配雄鲤4尾。

（三）记载农产品加工、酿造、烹调、贮藏技术

酒、酱、醋等发明很早，但详细的制作过程却没有进行记载，最早对其进行记载的就是《齐民要术》。在“作酱法第七十”中，叙述用豆做的酱，也记载了肉酱、鱼酱、鱼子酱、虾酱等的制作方法。在“作贮藏生菜法第八十八”中提到藏生菜法：“九月、十月中，于墙南日阳中掘作坑，深四五尺。取杂菜种别布之，一行菜一行土，去坎一尺许便止，以穰厚覆之，得经冬，须即取。粲然与夏菜不殊。”

（四）记载有许多农业技术的观察材料

“种韭第二十二”中提到“韭性内生，不向外长”。“种梨第三十七”中提到梨树嫁接、接穗的方法，即“用根蒂小枝，树形可喜，五年方结子；鸠脚老枝，三年即结子而树丑”。同篇中还有“每梨有十许子，唯二子生梨，余生杜”。“种椒第四十三”讲述椒的移栽方法时称“此物性不耐寒，阳中之树，冬须草裹，其生小阴中者，少禀寒气，则不用裹”。这些都是很有启发意义的观察记载材料，内容详细清楚，得到后世农学家的重视，对我国古代的农业生产发挥了巨大作用。

（五）重视对农业生产科学技术的分析

尽管《齐民要术》序中写有“故商贾之事，阙而不录”的话，反映作者受当时崇本抑末、非议经商的思想影响较深。但在书中，在栽种蔬菜瓜果、植树营林、养鱼、酿造等篇，除描述如何进行种植制作外，还详细记载怎样进行多样经营，如何到市场售卖，怎样多层次利用农产品等有关经济效益的内容。例如在“种榆白杨第四十六”中，具体叙述榆树播种、杨树插枝育苗的技术，幼树隔3至5年间伐作材料出售。书中还记载有较多以小本钱多获利的实际内容。现代学者从经济科学角度研究《齐民要术》，认为贾思勰的著作不但是一部影响深远的古代农业技术典籍，也是中国封建社会农业经营方法的百科全书。

三、农学思想

（一）顺应自然规律，发挥主观能动性

贾思勰认为，农作物的生长是有规律可循的。例如谷子的成熟有早晚之分，早熟的谷子矮小，果实多，晚熟的谷子长得高大，但果实少。强壮的苗长得短小，黄谷就是这样。

（二）以粮食为中心，多种经营

贾思勰重农，首先是重视粮食生产，但他并不认为农业生产只是单

纯地生产粮食，而是要进行多种经营。故《齐民要术》就包括了粮食生产、林木、园艺作物、畜牧、水产品、农副产品加工等内容。贾思勰认为农副产品是农业生产进行流通的重要环节。经过加工的农副产品，不但满足消费的需要，而且提高了价值。《齐民要术》中就有酒、醋、酱、豉的制作方法，还有把粮食、蔬菜、果品、肉鱼加工成耐储食品的方法。

（三）重生产成本，有经济核算

《齐民要术》是要教导农民搞好农业生产，可是农民要生产就有一个生产成本问题。贾思勰在书中教导农民，一方面要按市场条件来安排生产，另一方面要有适当的规模和合理的田间布局来生产。要使用临时性雇工，以降低成本，要重视成本核算和利润的计算。《齐民要术》列举大量实例，教农民如何计算，甚至连运输、销售的费用都有计算。

四、后世纪念

为弘扬民族文化精神，表彰他对人类所作的巨大贡献，临淄区在淄博市齐城农业开发区万亩农业示范园内建馆以志纪念。该馆位于济青高速公路临淄段北侧，掩映在一片新型果树和农作物之中，与周围环境和谐的融为一体，更显古朴典雅。

贾思勰纪念馆

该馆分上下两层，建筑面积 1000 多平方米，投资 100 多万元；在纪念馆门斗南侧的横梁上悬挂木质横式馆牌，黑底铜字，上书六个端整秀雅的魏碑字：“贾思勰纪念馆”。迎门处是一座精工高雕的贾思勰石雕像：贾思勰白发飘然，手捻胡须，右手握书，凝神静思。馆的一层为古代部分，主要展示贾思勰生平和其对农业所作的巨大成就；二层为现代农业技术与成就展览。

贾思勰纪念馆一层的展出共分三部分。第一部分主要展出贾思勰及同宗兄弟贾思同、贾思伯的生平要略，以及贾思勰当年生活环境的复原图。第二部分利用微缩手法再现古代酿酒作坊制酒场景、贾思勰深入民间和田间地头了解耕作和种植技术的场景、古人生产生活的部分场景等，通过大量的文字版面介绍、绘图说明、实物展示、照片、沙盘等手段，系统展示了《齐民要术》的思想体系和科学技术成就。第三部分主要展示国内外现存《齐民要术》版本的实物、复制件、影印本照片、引用的历史典籍和国内外对《齐民要术》的研究情况。贾思勰纪念馆汇集了当今研究成果之大成，系统展示了《齐民要术》之精要，整个展厅空间丰富，具有强烈的时代感。

第五节　著名的调味专家——易牙

“厨师的祖师爷”“调味专家”“鲁菜创始人”“易牙无德，烹子求荣”……易牙被冠以很多标签，虽然专家学者认为易牙无德，没有评选烹饪鼻祖的资格，但是抛开他的人品，业内也不得不承认易牙在饮食方面的建树确实无人可比。

一、人物生平

易牙，名巫，官为雍人（主烹割之官），也叫雍巫或狄牙，春秋时期齐国人，精于烹调，长于辨味，“至于味，天下期于易牙”。孔子评价易牙对味道的辨别能力时，说将山东的淄水和河南的渑水混合在一起，易牙也能分辨出来，他烹饪技艺很高，“淄、渑之水合，易牙尝知之”。他烹饪技艺很高，深得齐桓公的宠信。

二、主要事迹

（一）庖厨祖师

易牙是第一个运用调和之事操作烹饪的庖厨，好调味，善于做菜。因为他是厨师出身，具有极高的烹饪技艺，又因为他是第一个开私人饭馆的人，故被称作厨师的祖师。王充曾在《论衡·谴告》中说：“狄牙之调味也，酸则沃（浇）之以水，淡则加之以咸，水火相变易，故膳无咸淡之失也。”即易牙通过对水、咸（盐）、火的调和，做出美味可口的饭菜。齐国菜是我国最早的地方风味菜，后来成为中国的四大菜系之一，即鲁菜，以其味鲜脆嫩、风味独特、制作精细享誉海内外。

后世人撰写食经之类的作品，托名易牙也是常见的。例如，明代人韩奕，曾经以蔬菜、笼造、炉造、糕饵、斋食、诸汤等内容编成一书，书名就托称为《易牙遗意》。明代人周履靖著《续易牙遗意》，也是托名易牙的仿古食经之作。

（二）烹子献糜

齐桓公曾经对易牙说："山珍海味我都吃腻了，只是没吃过人肉，你如此会做菜，可知道怎么烹制人肉吗？味道又是如何？"齐桓公此言本是无心的戏言，而易牙却把这话牢记在心。为了讨齐桓公欢心，他一心想着怎么才能给齐桓公做一顿人肉宴。齐桓公在一次午膳上，吃到一盘鲜嫩无比、从未吃过的肉菜，便询问易牙："此系何肉？"易牙哭着说："乃臣子之肉，献于大王尝鲜。"当齐桓公得知这是易牙儿子的肉时，内心很是不舒服，但却被易牙杀子为自己食的行为所感动，认为易牙爱他胜过亲骨肉，从此更宠信易牙。

（三）犯上作乱

易牙和管仲在齐国共事。公元前 645 年，为齐桓公创立霸业呕心沥血的管仲患了重病，齐桓公去探望，便询问他谁可以接受相位。齐桓公欲任鲍叔牙，管仲诚恳地说："鲍叔牙是君子，但他善恶过于分明，见人之一恶，终生不忘，这样是不可以为政的。"齐桓公问："易牙怎样？"管仲说："易牙为了满足国君的要求不惜烹了自己的儿子以讨好国君，没有人性，不宜为相。"齐桓公又问开方与竖刁如何，管仲仍然摇头，并对齐桓公说："请国君务必疏远这三个人，宠信他们，国家必乱。"管仲说罢，看到齐桓公面露难色，便向其推荐了为人忠厚、不耻下问、居家不忘公事的隰朋，说隰朋可以帮助国君管理国政。易牙听说齐桓公与管仲的对话后，便去挑拨鲍叔牙，说管仲阻止齐桓公任命鲍叔牙。鲍叔牙笑道："管仲荐隰朋，说明他一心为社稷宗庙考虑，不存私心偏爱友人。现在我做司寇，驱逐佞臣，正合我意。如果让我当政，哪里还会有你们的容身之处？"易牙讨了个没趣，深觉管仲交友之密、知人之深，于是灰溜溜地走了。

遗憾的是，齐桓公并没有听进管仲的话。管仲病逝后，齐桓公又重用易牙等人。后来齐桓公病重，易牙与竖刁犯上作乱，拥立公子无亏，迫使太子昭奔宋，齐国五公子因此发生内战。易牙等堵塞宫门，假传君命，不许任何人进宫。后有宫女趁人不备探望齐桓公，齐桓公正饿得发慌，索要食物。宫女便把易牙、竖刁作乱，堵塞宫门，无法供应饮食的情况告诉了齐桓公。齐桓公仰天长叹，懊悔地说："如死者有知，我有什么脸面去见仲父？"说罢，用衣袖遮住脸，后来便活活饿死了。后来，宋襄公率兵送太子昭回国，平定内乱，立太子昭为君，即齐孝公。经过这场内乱，齐国的霸业开始衰落。

传说易牙干预政事失败以后避居彭城，重操烹饪业，其易牙食疗菜在彭城广为流传。

三、民间传说

（一）鱼腹藏羊肉

有道叫鱼腹藏羊肉的山东名菜，相传由易牙所创。北方水产以鲤鱼为最鲜，肉以羊肉为最鲜，此菜两鲜并用，互相搭配，菜色光润，外酥里嫩，鲜美异常。据说，古时“鲜”字的写法本是三个鱼字，鱼本鲜中之最，三个鱼就更鲜了。但易牙所创制的鱼腹藏羊肉一菜，比单食鱼肉更为鲜美。因此，后来“鲜”字的写法改为“鱼”加“羊”。

（二）食疗

易牙把烹饪和医疗结合起来，创制食物疗养菜。据说有一次长卫姬生病了，易牙便将自己创制的食疗菜进献给长卫姬，长卫姬食后病愈，易牙因此深受齐桓公和长卫姬赏识。

头脑风暴

1. 甘德对中国天文学的发展做出了什么贡献？

2. 中国古代的天文学家为什么都以占星家的形象出现？

3. 鲁班对中国文化产生了怎样的影响？鲁班创新创造的基础是什么？对我们有什么启迪？

4. 刘徽对中国数学发展做出了怎样的贡献？刘徽的专业精神对现代职场有什么启示？

5. 贾思勰对中国农业科学做出了哪些贡献？贾思勰有哪些创新思维值得我们借鉴？

6. 易牙对中国烹饪业的发展做出了哪些贡献？易牙的经历对现代职场有何启迪作用？

参考文献

1. 杨朝明，于孔宝. 齐鲁文化通史：春秋战国卷［M］. 北京：中华书局，2004.

2. 王恩田. 中华文化通志：齐鲁文化志［M］. 上海：上海人民出版社，1998.

3. 黄松. 齐鲁文化［M］. 沈阳：辽宁教育出版社，1991.

4. 车吉心. 齐鲁文化大辞典［M］. 济南：山东教育出版社，1989.

5. 王志民. 齐文化论稿［M］. 济南：山东大学出版社，1995.

6. 李新泰. 齐文化大观［M］. 北京：中共中央党校出版社，1992.

7. 王阁森，唐致卿. 齐国史［M］. 济南：山东人民出版社，1992.

8. 邱文山，张玉书，张杰. 齐文化与先秦地域文化［M］. 济南：齐鲁书社，2003.

9. 孟祥才，胡新生. 齐鲁文化思想史（先秦秦汉卷）［M］. 济南：山东大学出版社，2002.

文化达人

齐鲁大地钟灵毓秀，人杰地灵，数千年来孕育出如群星般繁多而璀璨的名人，不仅有对中国的思想、政治、科技、军事产生重大而深远影响的孔子、姜太公、鲁班、孙子等人，还有王羲之、张择端、蒲松龄、刘勰、李清照等众多文化达人，为中国悠久灿烂的文化画上了绚丽多彩的一笔。

通过本章的学习，学生将了解齐鲁大地悠久灿烂的文化，增强对齐鲁文化的认同感与自豪感，在日常生活中践行齐鲁文化之精髓价值观，将齐鲁文化在更大范围内传播乃至发扬光大。

第一节 “贵越群品，古今莫二”之书圣——王羲之

一、人物生平

王羲之（公元321—379年），字逸少，祖籍山东琅琊人，东晋著名的书法家。因曾官至右军将军，人称“王右军”。他出身于名门望族，即当时“王、谢、郗、庚”四大家族中的第一大族——王氏家族。王氏家族地位显赫，人才辈出，堪称“书法世家”。王羲之幼时经父亲传授笔法，少时师从著名女书法家卫夫人，草书师法张芝，正书得力于钟繇，“兼撮众法，备成一家”，博采秦汉以来篆、隶、楷、行、草等诸体之长，并有机融合于自己的书体中，将书法的实用性和艺术性相结合，最终达到“贵越群品，古今莫二”的高度，突破了书法美的极限。因他把汉字书写从单一实用引入注重技法讲究情趣的境界，标志着书法艺术的觉醒。后来的书法家几乎没有不临摹过王羲之法帖的，因

而有“书圣”的美誉。其子王献之亦为书法家，世人合称为“二王”。

二、艺术成就

（一）书法造诣与艺术风格

王羲之自幼爱习书法，从小就受到王氏世家深厚的书学熏陶，并善于转益多师。王羲之兼善隶、草、楷、行各体，广采众长，冶于一炉，摆脱了汉魏笔风，推陈出新，自成一家，形成了当时最佳的体势。王羲之的书法影响了一代又一代的书苑。唐代的欧阳询、颜真卿、柳公权，五代的杨凝式，宋代的苏轼、黄庭坚、米芾、蔡襄，元代的赵孟頫，明代的董其昌，这些历代书法名家对王羲之心悦诚服，推崇备至，因而他有“书圣”之美誉。

其中王羲之的《兰亭集序》为历代书法家学习和追捧。此帖为草稿，共 28 行，324 字。其中有二十多个“之”字，形态迥异，各具美态，可见王羲之书法功底了得。与两汉、西晋相比，王羲之书风平和自然，笔势委婉含蓄，遒美健秀，最明显的特征是用笔细腻，结构多变。世人常用曹植的《洛神赋》中“翩若惊鸿，婉若游龙”来赞美王羲之的书法之美。

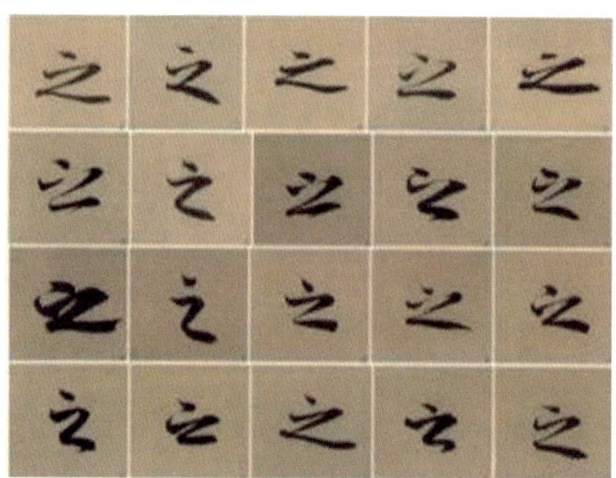

形态各异的之字

（二）代表作品

王羲之没有原迹存世，书法刻本甚多。他的楷书代表作品有《乐毅论》《黄庭经》《东方朔画赞》等。他的草书《十七帖》《初月》，行书《姨母》《快雪时晴》《丧乱》《兰亭集序》等有摹本墨迹本和廓填本流传。他的行草书被世人尊为“草之圣”。其中，《兰亭集序》为历代书法家所敬仰，被誉为“天下第一行书”，唐太宗李世民视《兰亭集序》为至宝。

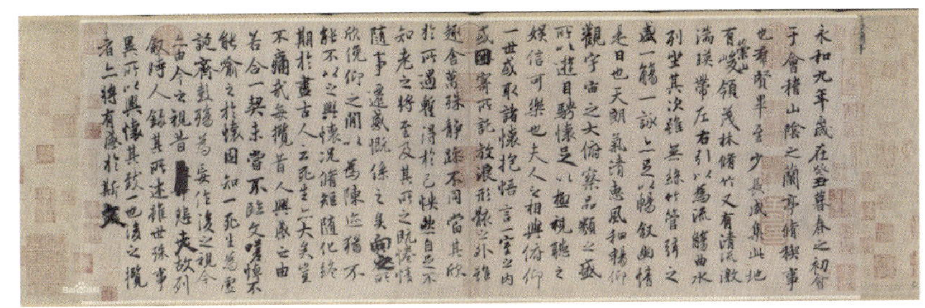

兰亭序（神龙本）

三、人物思想

魏晋时期既是战乱频繁、动荡不安的时期，又是个人自由、思想解放的时期，独特的历史环境造就了玄、儒，道、佛的盛行，因此王羲之的思想也随之呈现多元化的特点，其中尤以玄、儒为甚。他既喜爱庄老，又未能忘情；既认可清谈，又以实干为要；既崇尚生存至上，又胸怀远大抱负，一生中不断努力培养人格情操，创造生命价值。

比如《兰亭集序》之生死观，由写景引发作者对生命的忧惧感。王羲之开始“信可乐也”的感觉，联想到人的两种不同生存状态。美丽的山水、尽情的欢娱，可以令人忘记烦忧，但是，不知不觉中时光已经流逝，“不知老之将至”，等到时过境迁后，往日的美好已经成为陈迹，人不能永远保有美好的留恋。引出人生苦短的悲叹。“死生亦大矣”，自然转而为“痛”的感觉。作者认为人不管以怎样的方式活着，生命都在不知不觉中逝去，暗含有生之年应当做些实事，不宜空谈玄理之意等人生哲理。

四、典故轶事

（一）书成换鹅

王羲之很喜欢鹅，他认为养鹅不仅能陶冶情操，还能从观察鹅的动作形态中悟到一些书法原理。有一次王羲之外出游玩，看到一群很漂亮的白鹅，便想买下，一问才知道这些鹅是附近一个道士养的，便找到那个道士，与他商量想买下那群鹅。那个道士听说大名鼎鼎的王羲之要买鹅，便说只要王羲之能为自己抄一部《黄庭经》，便将这些鹅送给他。王羲之欣然答应，这便成就了“书成换白鹅”的佳话。

（二）入木三分

王羲之出身于魏晋名门望族，与谢家同为东晋著名家族，唐诗有“旧时王谢堂前燕，飞入寻常百姓家”。他七岁就擅长书法。传说晋帝当时要到北郊去祭祀，让王羲之把祝词写在一块木板上，再派人雕刻。刻字者把木板削了一层又一层，发现王羲之的书法墨迹印到木板里面去了。他削进三分深度才见底，刻字者惊叹王羲之的笔力雄劲，笔锋力度竟能入木三分。

（三）袒腹东床（东床快婿）

太尉郗鉴有个女儿，年方二八，尚未婚配。郗鉴想要为女择婿，他与丞相王导情谊深厚，又同朝为官，听说其家子弟甚多，个个都才貌俱佳，就把自己择婿的想法告诉了王丞相。王丞相说："好啊，我家子弟很多，就由您到家里挑选吧，凡您相中的，不管是谁，我都同意。"

郗鉴就命心腹管家，带上重礼到了王丞相家。王府子弟听说郗太尉派人觅婿，都仔细打扮一番出来相见。寻来觅去，一数人数，发现少了一个。王府管家便领着郗府管家来到东跨院的书房里，只见靠东墙的床上一个袒腹仰卧的年轻人，对太尉觅婿一事无动于衷。郗府管家回到府中，对郗太尉说："王府的年轻公子二十余人，听说郗府觅婿，都争先恐后，唯有东床上有位公子，袒腹躺着，若无其事。"郗鉴说："我要选的就是这样的人，走，快领我去看看。"郗鉴来到王府，见此人既豁达又文雅，才貌双全，当场择为快婿，此人便是王羲之。"东床快婿"一说就是这样来的。

（四）相聚兰亭

公元 353 年，农历三月三日，王羲之和谢安等 41 人在绍兴兰亭修禊（一种祓除疾病和不祥的活动），众人饮酒赋诗，汇诗成集，王羲之即兴挥毫为此诗集作序，成就了著名的《兰亭集序》。此帖为草稿，28 行，324 字，记述了当时文人雅集的情景。

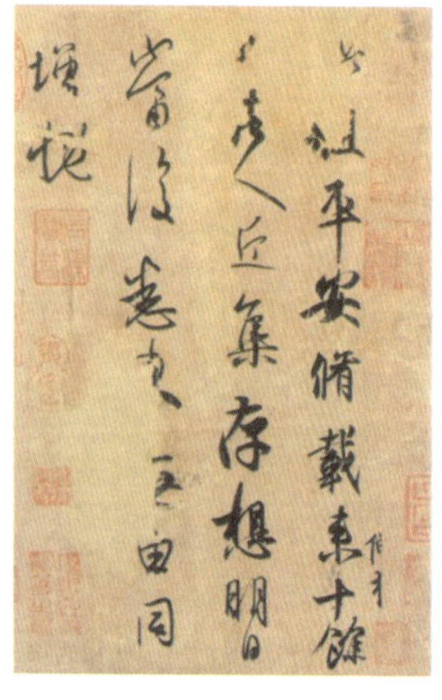

四、历史评价及后世影响

传说王羲之小的时候苦练书法，宅内挖有生活用井和练习书法用的洗墨池，日久，用于清洗毛笔的池塘水都变成墨色。对此南朝著名文学家荀伯子的《临川记》和宋朝大文学家曾巩的《墨池记》均有记述，介绍了墨池来历，颂扬了王羲之苦练书法的精神。

世人对王羲之的书法叹赏不绝，例如唐太宗称赞道："心慕手追，此人而已，其余区区之类，何足论哉！"孙过庭称扬到："且元常（钟繇）专工于隶书，伯英（张芝）尤精于草体，彼之二美，而逸少兼之。"米芾惊叹道："谢安慰问帖，字清古，在二王之上，宜乎批评子敬帖尾也"等等。

中国书史上虽推崇王羲之为"书圣"，但并不把他看作一尊凝固的圣像，而是作为中华文化中书法艺术创造"尽善尽美"的象征。事物永远是发展的、前进的，王羲之在他那个时代到达"尽善尽美”的顶峰，他对书法艺术的不懈追求必将召唤后来者在各自的时代去登攀新的书法艺术顶峰。

第二节　北宋杰出的现实主义画家——张择端

一、人物生平

张择端（生卒年月不详），字正道，东武（今山东诸城）人，北宋杰出的现实主义画家。张择端自幼好学，早年游学汴京（今河南开封市），后习绘画。宋徽宗时期供职翰林图画院。专工界画宫室，尤擅绘舟车、市肆、桥梁、街道、城郭。后“以失位家居，卖画为生”。其作品大都失传，存世《清明上河图》《金明池争标图》为我国古代的艺术珍品。

二、艺术成就

北宋以前，人物画主要以宗教和贵族生活为题材。张择端虽在翰林图画院供职，但作品不为“院画”所囿，他把自己的画笔伸向社会各阶层人民的生活之中，创作出描写城乡生活的社会风俗画，对市肆、桥梁、街道、城郭刻画细致，界画精确，豆人寸马，形象如生。他的画自成一家。

其代表作品长卷风俗画《清明上河图》是我国绘画史上的稀世奇珍，乃画之瑰宝。《清明上河图》以大量的笔墨，描绘了数以百计的民众的世俗生活与商业经济活动，将民众置于主人翁地位并加以艺术概括，这在中国古代绘画中是不多见的，在现代绘画中也是罕见的。《清明上河图》具有极高的考史价值，不仅继承发展了中国古代风俗画，而且继承了北宋前期历史风俗画的优良传统。

三、赏析《清明上河图》

2010 年上海世博会期间，组织筹划方为了体现“城市让生活更美好”的主题，特别将一件中国古代的珍贵名画以多媒体动画的形式展现出来，同时制作成世博版多媒体版本供大家欣赏与收藏，以更好地展现和发扬博大的中国文化，这件名画就是《清明上河图》。

（一）作品简介

张择端生活在北宋末年及南宋与金对峙的12世纪，当时盛世繁华的局面背后却隐藏着深刻的社会动荡和危机，阶级矛盾和民族矛盾愈演愈烈。由于早在宋太宗时期已经推行鼓励文人谏言的政策，宋朝画家的创作主题大多围绕社会现实和朝廷政治。因此在风雨飘摇的历史背景下，张择端费尽心血创作了风俗画长卷《清明上河图》，欲通过此画向皇帝宋徽宗婉转表述民情，表达忧国忧民的思想情怀，体现了文人虽身逢乱世但如日月高悬于朗朗乾坤的风骨与气节。

《清明上河图》是北宋现实主义的风俗画作品，在中国美术史上的价值和历史地位极高，是“中国十大传世名画”之一。作品长528.7厘米，宽24.8厘米，绢本，设色，现藏北京故宫博物院。该画作以长卷的作品形式，生动地向世人展示了当时城市生活的面貌。

关于该作品的题目，就“清明”二字而言，人们颇有争议。一说是指入画时间为清明时节，一说是指政治清明的升平之时。就作品本身来看，其表现的时期是北宋徽宗时代，地点为当时的京城汴京，描绘记录了京城汴河两岸的繁华景象、自然风光以及普通民生。

（二）《清明上河图》的构图

作品在构图上，采用散点透视，疏密有致，重节奏感和韵律的变化，将繁杂的景物纳入统一的画面，笔墨章法巧妙至极。

总体来看，根据表现内容的不同，全图可分为三段。首段可看作整幅作品的序幕，描绘的是汴京郊野的景色：疏林、薄雾、几家茅舍、流水、老树、扁舟，两个脚夫赶着五匹驮着东西的毛驴；柳林枝头泛出新绿，有乍暖还寒之感；人坐轿中行进在路上，杂花装置轿顶，骑马挑担的随于轿后，似从郊野踏青归来。所有这些环境和人物的描画，点出了清明时节的特定时间和风俗。中段为汴河码头的繁忙景象。画面上人烟稠密，粮船云集，人们或在茶馆休息，或相卜算命，或在饭铺进餐；河中船只往来，纤夫拉纤，船夫摇橹，一派热闹的景象；横跨汴河的一座拱桥，结构优美，桥下一只大船待过，船上之人或用竿撑船，或用竿钩住桥梁，或用麻绳挽住船，还有人忙着放下桅杆，好使船通过，邻船和桥上之人争相观看、指指点点；附近路上也是车来车往。后段为市区街道的热闹场景。这一段以耸立的城楼为中心，两边屋舍俨然，分列着茶坊、酒肆、脚店、肉铺、庙宇、商店、药铺等；街市上行人擦肩接踵、熙熙攘攘，有商贾，有士绅，有官吏，有小贩，有行脚僧人，有外乡游客，有街巷小儿，有狂饮的豪门子弟，也有行乞的残疾老人，形形色色，无所不备；川息往来的交通工具有轿子、骆驼、牛马车、人力车等，样样俱全。

在全幅总计五米多长的画卷里，作者共描绘了各色人物数百个，牲畜数十只，各种车船二十多辆/艘，不同建筑各有特色，很大程度上体现出宋代建筑的特征。

（三）《清明上河图》的艺术特色总评

概括分析《清明上河图》的艺术特色，大致可以分为以下几点：

首先，其表现内容丰富之极。在表现手法上，以散点透视来选择景象。大到广阔的原野、浩瀚的河流、高耸的城郭，小到车船上的细小构造、摊上的商品、市招的文字，这些都和谐地统一在一起。人物有士、农、商、医、卜、僧、道、吏、妇女、儿童、篙师、缆夫等，人物的活动、衣着、神情各异；牲畜有驴、马、牛、骆驼等；各式建筑、大船小舟应有尽有。如此丰富多彩的内容，在历代古画中是非常罕见的。

其次，作品结构严谨，繁而不乱，层次分明。作品在丰富的表现内容中主体突出且首尾呼应，画中人物、景象、情节等安排都合情合理，疏密繁简、动静聚散等关系处理得恰到好处，这也充分体现了作者对社会生活的深入观察和高超的艺术表现能力。

最后，在技法上做到大手笔与细微刻画相结合。作者善于选择那些既具有形象性和诗情画意，又具本质特征的事物和情节加以表现。他细致入微地观察并刻画每一位人物、每一件道具，人物各有身份，各具神态；建筑结构描绘严谨；车马船只一丝不苟，甚至船上的物件、钉铆方式等都描绘得一清二楚。

此作品艺术价值极高。《中国通史》中对《清明上河图》的评价为："全卷所绘人物五百余位，牲畜五十多只，各种车船二十余辆/艘，房屋众多，道具无数，场面巨大，段落分明，结构严密，有条不紊。技法娴熟，用笔细致，线条遒劲，凝重老练。反映了高度精纯的绘画功力和出色的艺术成就。同时，因为画中所绘为当时社会实录，为后世了解研究宋朝城市社会生活提供了重要的历史资料。"

《清明上河图》不但保留了久已失传的中国古代风俗画风格，而且继承了北宋早期历史风俗画的传统，同时涵盖北宋都城的商业、手工业、建筑业、交通业等详尽内容，具有极大的考史价值。其丰富的思想内涵、独特的审美视角、现实主义的表现手法，都使其在中国乃至世界绘画史上被奉为当之无愧的经典之作，又是宋代名篇《东京梦华录》、《圣畿赋》、《汴都赋》等的最佳图解。

《简明不列颠百科全书》在"张择端"条内对《清明上河图》的评价：是一幅具有重要历史价值的风俗长卷，画家成功地描绘出汴京城内及近郊在清明时节社会上各阶层的生活景象。主要表现的是劳动者和小市民。对人物、建筑物、交通工具、树木、水流之间的相互关系的处理，非常巧妙，整体感很强，具有极大的考史价值。此后历代绘制的都市风俗画，无不受其影响。

据相关资料查考，张择端完成这幅长卷后，首先将它呈献给了宋徽宗，因此，宋徽宗成为此画的第一位收藏者，并用瘦金体书法亲笔题写"清明上河图"五个字，钤盖双龙小印。至明嘉靖间，《清明上河图》转到长洲陆完手里；陆完死后，其儿子急等钱用，便将《清明上河图》卖给昆山顾鼎臣家，后被严嵩父子强行索去；严府被抄后，《清明上河图》再度收入皇宫。到清朝，先由陆费墀收藏，亦在上面钤印题跋。后被毕沅购得并与其弟毕泷（收藏鉴赏家）同赏。其后毕家被抄，此画又被收入宫中，置在紫禁城迎春阁内。进入 20 世纪以后，此画亦几经辗转，过程曲折，所幸后被北京故宫博物院收藏，这才使得我们在今天能得以欣赏到此作品独有的艺术魅力。

第三节　龙学开创者——刘勰

一、人物生平

刘勰（约 465—约 532 年），字彦和，南朝梁著名的文学理论家、文学批评家，祖籍山东莒县。他曾官奉朝请、东宫通事舍人，颇有清名。刘勰虽任多种官职，但其名不以官显，却以文彰，一部《文心雕龙》奠定了他在中国文学批评史上的地位。

（一）青年时代——家贫不婚娶，依沙门僧祐

刘勰是汉朝皇族后裔，祖先是汉高祖刘邦最长庶子齐王刘肥。刘家虽为士族，但不是王、谢那样的高门士族，而是低一等寒门士族。刘勰早年丧父，家境贫寒，但他笃志好学。刘勰曾自述，在他七岁之时，梦见一片五彩祥云，犹如锦缎般美丽，便攀而采之，显然是说自己少有大志。刘勰在母亲的陪伴下刻苦攻读，在 20 岁左右，他的母亲去世了。举目无亲的刘勰来到京师建康（今南京），举步踏入了钟山名刹定林寺，投靠当时的大德高僧僧祐。刘勰在定林寺一待就是十几年，却没有剃度出家。

刘勰在 30 岁左右的时候，又做了一个梦，梦见自己手捧着红色的祭祀之器，跟着孔子往南走。身居佛家寺院却梦见了孔夫子，可见刘勰无出家之念，而只是想建功立业。古人说："太上有立德，其次有立功，其次有立言。"所谓"三不朽"，能居其一也就可以不朽了。于是，刘勰把目光放在了"立言"上面，决心写一部旷古绝今之作。呕心沥血 4 个

春秋，《文心雕龙》问世，刘勰在定林寺为中华文化增添了光辉夺目的一笔。之所以取这个书名，意思是写文章必须用心，就像刻镂龙纹那样精雕细刻，最终才能创作出优秀的作品。

（二）负书候车——干之于车前，状若货鬻者

在中国文学史上，“负书候车”是个有名的典故，讲的就是刘勰。刘勰写就《文心雕龙》之后，并没有被当时的名流看重和称道，他仍然是个无名之辈，泯然于大众之中。

大家知道，西晋有位才华横溢的大文学家叫左思，他出身寒门，文章写得很棒，但湮没无闻、不为人知。为了改变这种不利的窘境，左思就把自己历时十载创作的《三都赋》呈给当时的权贵和名流皇甫谧看，皇甫谧称赞他写得好，并为《三都赋》作了篇序。美文加上名人推介，《三都赋》即刻在社会上引起了巨大轰动，一时间“豪贵之家竞相传写，洛阳为之纸贵”，左思也一举成名，成为当时文坛上的一颗新星。

刘勰对这一文坛掌故自然烂熟。大概受到了“洛阳纸贵”的启发，为了谋取一定的功名和地位，刘勰决定用《文心雕龙》作为敲门砖来求得梁武帝的开国元勋、当时的文坛领袖沈约的赏识和提拔。可是，沈约位高权重，不是一般人想见就能见到的，何况刘勰还是一介寒士，根本就没有资格去拜会沈约。有一天，刘勰将《文心雕龙》的书稿装在一个布袋子里面，自己背着这个袋子守候在沈府的大门口，沈约出来后，他便不失时机地拦车求见，向沈约推荐自己的著作。沈约把书带回阅读后，赞不绝口，《文心雕龙》成了沈约的案头常备书。《文心雕龙》很快流传开来，刘勰也因受到沈约的器重而声名鹊起，他的人生开始出现转机。后来刘勰与昭明太子结为忘年之交，参与了《昭明文选》的编选工作。

（三）暮年时期——燔鬓发自誓，卒于定林寺

刘勰的恩师僧祐在建初寺去世，刘勰因善为文章、长于佛理而接下了撰制碑文的重任。僧祐去世以后，皇帝下令让刘勰回到定林寺和慧震和尚一起编撰佛经。这样，刘勰再次来到定林寺，花了两年的时间去整理佛经。事成之后，刘勰主动请求皇帝允许他出家，而且在皇帝还没批准的时候，他自己就先烧去鬓发，发誓出家。后来，皇帝同意，刘勰便在定林寺出家为僧，改名慧地，皈依佛门不到一年就辞别人世了。

总的来说，刘勰的一生都是孤独寂寞的。李建中教授认为，刘勰生活在三个世界里：文的世界、儒的世界和佛的世界。年轻的刘勰在寒冷的定林寺里面，暮鼓晨钟，青灯古卷，笔耕不辍，辛苦四年写成的《文心雕龙》却很久不被世人看重，他在文的世界里很孤独；后来，虽因为《文心雕龙》写得好，受到沈约的器重而出来做官，在仕途上奋斗了二

十来年，“政有清绩”，却怀才不遇，难于跻身高位，儒的世界里他很寂寞；在佛的世界里就更加孤寂了，刘勰始于沙门，终于沙门，晚年削发为僧，皈依佛门，最后在定林寺孤寂地死去。

二、艺术成就

中国古代文学有两大显学：一个是红学，另一个是龙学。红学研究曹雪芹，龙学研究刘勰。

（一）内容简介

文心雕龍

梁劉彥和先生著

《文心雕龙》是我国第一部系统的文艺原理性的理论专著，是中国文学批评史上一块不朽的丰碑。刘勰把全部的书都当成文学书来看，所以本书的立论极为广泛。全书 37 000 多字，十卷，五十篇，分上、下编。从论述的内容上划分，大致可分为四个部分：

第一部分是总论，包括《原道》《征圣》《宗经》等，主要阐明所建立的文学批评体系的根本原则；第二部分是文体论，包括《明诗》《乐府》《诠赋》《颂赞》等；第三部分是创作论，包括《神思》《体性》《风骨》等，是对总论中提出的“衔华佩实”的文学总体要求的具体论述，是《文心雕龙》对文学创作指导意义最大的一部分；第四部分是文艺批评论，包括《才略》《知音》等，主要论述文艺批评方法论、作家的文才和品德、写作动机和目的、写作时所遵循的一些基本原则和方法等。

（二）主导思想

《文心雕龙》一书，如刘勰本人所说，以儒家思想为指导，同时也吸收了道家思想、魏晋玄学、佛家思想。其以孔子美学思想为基础，兼采道家，认为道是文学的本源，圣人是文人学习的楷模，经书是文章的典范。书中所包含的文化渊源，虽以儒学文化为主，但也吸取道家和佛家文化，而且融为一体，成就了刘勰的文学理论体系。

（三）作品意义

《文心雕龙》总结了历代的创作经验和文学理论发展成果，在文学创作、文学史、文学批评等众多重要问题上形成了系统而深刻的观点，取得了空前的成就。悠悠三千年中国文艺理论史，《文心雕龙》是文艺理论的扛鼎之作，是文学批评不朽的丰碑。清人谭献在其《复堂日记》中谈到《文心雕龙》时说：“文苑之学，寡二少双。”

（四）研究现状

20 世纪以来，在《文心雕龙》研究领域汇集了很多国内一流的大师，如黄侃、范文澜、杨明照、王元化。

三、典故轶事——佛殿借读

由于刘勰家里穷而且是个孤儿，所以从小在寺院里生活，他闲暇之余的兴趣爱好就是学习经书方面的知识，而且十分刻苦。白天的空闲时间很少，根本不够他读书，因此他在晚上还会读书，可是当时因为各方面还不发达，用蜡烛看书也是一件很难做到的事，于是他想到一个好办法就是去佛堂大殿里读书，因为那里有灯光，等夜幕降临后佛堂大殿里就会传出来刘勰读书的声音，看守大殿的和尚不明白为什么空无一人的大殿为什么传来读书声，就很害怕，也不敢进去查看，，立刻向管事的长老报告情况，于是长老等一群人就来到大殿里查找，找了好大一会儿才发现读书的刘勰，可这么大动静都没有影响他，仍在津津有味的读书。

四、历史评价

刘勰能在 1 500 余年之前，提出许多至今难以超越的精辟理论，实为难能可贵。在中国文学理论批评史上，刘勰的《文心雕龙》占有很重要的地位。他多方面总结了前人关于文学创作和文学批评的经验，同时最广泛地汲取了前人的文学和美学思想，从而建构了中国文论史上最全面、最系统的文学理论体系。

第四节　千古第一才女——李清照

一、人物生平

李清照（1084—约 1151 年），齐州章丘（今山东章丘西北）人，号易安居士，南宋女词人，婉约派代表，有“千古第一才女”之称。

在中国古代文学史上，李清照可以说是最为光彩夺目的女性，她的存世作品虽然只有 70 多篇，但却取得了巾帼不让须眉的骄人成就，被后人誉为婉约派的“一代词宗”。

（一）秉承家学

李清照早期生活优裕，出生于一个爱好文学艺术的士大夫家庭。父亲李格非藏书甚富，善属文，工于辞章。李清照自幼生活在文学氛围十分浓厚的家庭里，耳濡目染。李清照少年时期随父亲生活于汴京，优雅的生活环境，特别是京都的繁华景象，激发了她的创作热情，开始在词坛崭露头角，写出了为后世广为传诵的《如梦令》。此词一问世，便轰动了整个京师，当时文士莫不击节称赏。

（二）琴瑟和弦

李清照与赵明诚结婚后，二人共同致力于金石书画的搜集整理，共同从事学术研究。她同赵明诚互相砥砺，创作词篇，技法日臻成熟。夫妻志趣相投，生活美满。

然而好景不长，朝中新旧党争愈演愈烈，赵李两家相继被卷入，并都蒙受了重大打击，被罢免官职，赶出京城。李清照随赵家屏居青州（今属山东）十余年，夫妇猜书斗茶，花前月下，相从赋诗。两人共治金石之学，她又独撰《词论》，阐述对词的看法，伉俪之谐古今罕见。

（三）颠离漂泊

金兵入据中原后，夫妻二人流落南方。一次城中叛乱，赵明诚弃城逃跑，使得李清照对其心灰意冷，并于第二年逃亡江西途中，行至乌江时写下有名的《夏日绝句》，赞项羽讽明诚。赵明诚自感羞愧，心情郁郁，不久在建康病逝。其后，李清照随南宋朝廷辗转江南各地，夫妇二人平生所收集的金石书画在颠沛流离中几乎丧失殆尽。

在李清照孤寂之时，张汝舟觊觎李清照所搜集的金石文物，乘虚而入，对李清照百般示好。李清照当时无依无靠，便顶世俗之风嫁给张汝舟。婚后，张汝舟发现李清照并没有自己预想中的家财万贯，而李清照也发现了张汝舟的虚情假意，甚至到后来的拳脚相加。之后，李清照发现张汝舟早前科举考试作弊过关，便状告张汝舟。在当时的社会环境下，妻子告发丈夫，即使印证丈夫有罪，妻子也要同受牢狱之苦。李清照入狱后，由于翰林学士綦崇礼援手，入狱九天便被释放，这段不到百天的婚姻就此结束。

李清照一生经历了表面繁华、危机四伏的北宋末年和动乱不已、偏安江左的南宋初年，多年的背井离乡，她那颗已经破碎的心受到了严重的伤害。她贫困忧苦，流徙漂泊，最后寂寞地死在江南。

二、艺术成就

李清照不仅是中国也是世界妇女文学史上的一颗璀璨耀眼的明珠。李清照对诗、词、散文、书法、绘画、音乐无不通晓，而以词的成就为最高。李清照的文学创作具有鲜明独特的艺术风格，居婉约派之首，对后世影响较大，在词坛独树一帜，形成“易安体”，因此她的词作风格并不单一，而是融合了阳刚美、阴柔美等多种元素，既有风骨派的鲜明、生动、直抒、凝炼的特点，又有隐秀派的清新、秀雅、含蓄、隐曲的特点。她的词也具有平而奇、直而曲、显而隐、实而虚、柔而劲以及辞淡情浓、言近意远等显著特点。李清照深厚的文学修养，大胆的创造精神以及多元化的表现手法使她的创作达到了艺术高峰。

李清照的词留存于世的并不多，但却篇篇经典，句句点睛，成为广为流传的千古名句，例如作品《漱玉词》令众多男性作家为之惊叹。

李清照前期的词，集中反映了闺中生活和思想感情，表达她对爱情生活的向往和别离相思的痛苦。她在《醉花阴》一词中写道："东篱把酒黄昏后，有暗香盈袖。莫道不销魂，帘卷西风，人比黄花瘦。"用黄花来比人的瘦，用瘦来说明相思的深，曲折含蓄，富有创造性。据说，李清照把这首词寄给外出的赵明诚，赵明诚废寝忘食，花了三天时间写了五十首词，并把这首词夹杂在中间，请友人陆德夫品评。陆德夫说："只有三句最好。"他认为最好的，正是李清照这三句。在封建社会，李清照敢于大胆描写妇女的爱情，因此遭到有些人的责难。可是，这正说明了她的词在客观上具有反对封建礼教束缚的意义。

南渡以后，由于民族的灾难和个人的不幸遭遇，李清照的词作开始有浓重的感伤气氛。她后期的词，多悲叹身世，有时也流露出对中原的怀念，以表达她的爱国情思。她在《声声慢》中写道："寻寻觅觅，冷冷清清，凄凄惨惨戚戚。乍暖还寒时候，最难将息。三杯两盏淡酒，怎敌他晚来风急？雁过也，正伤心，却是旧时相识。满地黄花堆积。憔悴损，如今有谁堪摘？守着窗儿，独自怎生得黑？梧桐更兼细雨，到黄昏点点滴滴。这次第，怎一个愁字了得！"开头用叠字"寻寻觅觅，冷冷清清，凄凄惨惨戚戚"，充分反映了她郁郁寡欢、孤寂无依的愁苦心绪，感情极为沉痛。李清照的人格像她的作品一样令人崇敬，她既有巾帼之淑贤，更兼须眉之刚毅；既有常人愤世之感慨，又具崇高的爱国情怀；既有卓越的才华、渊博的学识，又有高远的理想。

李清照的诗文也很有特色。她的诗洋溢着慷慨激昂的爱国热情。例如《夏日绝句》："生当作人杰，死亦为鬼雄，至今思项羽，不肯过江东。"这首诗借颂扬项羽失败后不愿忍辱偷生来讽刺南宋统治集团的妥协逃跑政策，写得雄劲有力。她的《金石录后序》是一篇叙事和抒情相结合的自传体散文，也写得非常动人。

三、典故轶事——夫妻巧对贺寿联

话说，两宋之际山东青州出了一件奇事，有一位姓乌的老者，活了整整 150 岁仍然耳聪目明、身体安康，轰动一时，传为佳话。这一年，乌老举办 150 岁寿宴，达官贵人、富商巨贾、文人骚客，各界名流纷纷前来贺寿，李清照与赵明诚夫妇亦在其列。寿宴之上，众人诚邀李清照与赵明诚合写贺寿联，让大家见识一下这对夫妻的学识才华。

赵明诚倒也不推辞，当即写下一个上联：花甲重逢，又增而立年岁。每个甲子是 60 年，"花甲重逢"即两个甲子，也就是 120 岁，"而立"是 30 岁，加在一起正好是 150 岁，合了乌老的寿龄。赵明诚这个上联实在是妙，但问题是，他把调子起得这么高，让李清照如何是好呢？莫担心，这还难不倒我们的"千古第一才女"，她莞尔一笑，提笔写出一个下联：古稀双庆，复添幼学青春。“古稀”是 70 岁，“双庆”便是 140 岁，而“幼学”是 10 岁，加在一起，也恰好合了乌老的寿龄 150 岁。而且，李清照的“双庆”比赵明诚的“重逢”用词更恰当，李清照的“青春”也比赵明诚的“年岁”寓意更美好，这一局，无疑是李清照赢了！

赵明诚不服，故意又出了一个极其难对的上联：三多福寿子。赵明诚的这个上联，只有区区五个字，意思也很简答，就是祝福乌老寿星多福多寿多子。为什么说难呢？这是因为，此处涉及对联中的著名难点，即前面的数字“三”要对应上后面的具体所指“福、寿、子”。按照对联规则，下联肯定还是五个字，而前面的数字却不能再用三，与此同时呢，这个不是三的数字还要对应上后面三个字的数量，这几乎是无法实现的。如果大家还没听懂笔者的解释，且看李清照的下联，就会豁然开朗了。李清照的下联是：四诗风雅颂。“风雅颂”是中国特有的文学名词，指的是我国第一部诗歌总集《诗经》的组成部分，由于“雅”分为了“大雅”和“小雅”，所以“风雅颂”虽然是三个字，但所指代的却是四个部分，我们称之为“四诗”，这是符合传统叫法的，并非李清照牵强附会。所以，李清照用“四诗风雅颂”，对赵明诚的“三多福寿子”，简直堪称完美，而且表达了对乌家书香门第的赞誉，很是恰当。这一局，李清照又赢了。

明诚还是不服输，于是放出大招，提笔写下几个大字：乌龟方姓乌。众人一看，唏嘘一片，这不是骂人吗？只有李清照不慌不忙，提笔在赵明诚的墨迹后面续写道：龟寿比日月，年高德亮。众人一看，这才松了一口气！好一招化险为夷。赵明诚继续写：老鼠亦称老。众人一看，一颗心又提到了嗓子眼，这不是讽刺人吗？而李清照，仍是淡定自若，再次提笔续写道：鼠姑兆宝贵，国色天香。“鼠姑”是牡丹花的别称，形容为“国色天香”再恰当不过，众人看罢，无不拍案叫绝，连连称奇！这副对联合起来就是：乌龟方姓乌，龟寿比日月，年高德亮；老鼠亦称老，鼠姑兆宝贵，国色天香。这是一副藏头联，上联的首字“乌”与下联的首字“老”，恰好嵌入主人公“乌老”二字，全联内容更是表达了对乌老高寿的赞誉和和祝福，把李清照的才思敏捷表现得淋漓尽致。好一副千古绝对！

四、后世评价

李清照在文学领域取得了多方面的成就。在同代人中，她的诗歌、散文和词学理论都能独树一帜、卓尔不凡。而她毕生用力最多、成就最高、影响最大的则是词的创作，她的词作在艺术上达到了炉火纯青的境界。

李清照不追求华丽的藻饰，而是用白描的手法来表现对周围事物的敏锐感触，刻画细腻、微妙的心理活动，表达丰富多样的感情体验，塑造鲜明生动的艺术形象。在她的词作中，真挚的感情和完美的形式水乳交融、浑然一体。她将“语尽而意不尽，意尽而情不尽”的婉约风格发展到了顶峰。

第五节　鬼狐聊斋——蒲松龄

一、人物生平

蒲松龄（1640—1715 年），字留仙，一字剑臣，号柳泉居士，世称聊斋先生，淄川（今山东淄博市淄川）人。

蒲松龄出生于一个逐渐败落的中小地主兼商人家庭。19 岁应童子试，接连考取县、府、道三个第一，名震一时。以后屡试不第，直至 71 岁才援例为岁贡生。为生活所迫，他主要在家乡做塾师。以毕生精力创作出著名的文言短篇小说集《聊斋志异》，被誉为“中国短篇小说之王”。

二、艺术成就

据史料记载蒲松龄年轻时就“喜人谈鬼”，“雅爱搜神”，整理书写各种奇闻异事。40 岁左右他将完成的篇章结集成册，将著作命名为《聊斋志异》，之后依然笔耕不辍，直到年逾花甲才停止创作。可见蒲松龄大半生致力于《聊斋志异》创作中。《聊斋志异》属志怪传奇类小说，内容丰富多彩，思想和艺术优劣共存，有些篇章反映了现实社会存在的问题，大致分为五方面：一是揭露官府黑暗，官贪吏虐，鱼肉百姓，官军大肆掳掠，滥杀无辜；二是鞭挞豪绅为富不仁，凌辱良善小民；三是讥讽科场考官昏庸，黜佳士而进庸劣；四是嘲谑炎凉世态、浇薄风俗；五是体现人生经验哲理，赞美爱情自由、婚姻自主寄托理想追求。内容绝大多数是狐鬼花妖精魅的故事，以及一些奇闻异事。故事多采自民间传说和野史轶闻，将花妖狐魅和幽冥世界的事物人格化、社会化，充分表达了作者的爱憎感情和美好理想。作品继承和发展了我国文学中志怪传奇文学的优秀传统和表现手法，情节幻异曲折，跌宕多变，文笔简练，叙次井然，被誉为我国古代文言短篇小说中成就最高的作品集。

蒲松龄的座右铭是“有志者，事竟成，破釜沉舟，百二秦关终属楚。苦心人，天不负，卧薪尝胆，三千越甲可吞吴。”除《聊斋志异》外，蒲松龄还有大量诗文、戏剧、俚曲以及有关农业、医药方面的著述存世，总近200万言。其中《狼》、《山市》被选入人教版七年级课文。《聊斋志异》的创作，前后历40余年之久，贯穿了蒲松龄的大半生。《聊斋志异》共8卷，计491篇，约40余万字。

三、作品赏析与典故轶事

（一）《画皮》

这篇故事寓意深刻，一个恶鬼用“画皮术”把原本青面獠牙的面目掩盖起来，假扮美女不仅欺骗贪色的王生，还将王生的心肝挖去，告诫人们要善于辨别真伪，避免因被欲望蒙蔽了心灵而上当受骗。

太原府有个姓王的书生，大清早出门，在路上遇见一个女子，怀里抱着包袱，独自奔走，步履十分艰难。王生加快步伐赶上她，见她有十五、六岁的样子，长得非常漂亮，于是起了爱慕之心。他问女子：“为什么一大清早就独自一人行路？”女子说：“赶路的人，不能做伴解愁闷，何必烦劳多问？”王生说：“你有什么愁闷就说出来，也许我能效力，不会推辞的。”女子神色惨淡地说：“父母贪图钱财，把我卖给富豪人家，大老婆非常嫉妒我，一整天地不是骂就是打的，我实在忍受不了这羞辱，所以打算走得远远的。”王生又问：“你准备到哪里去？”女子说：“逃亡流落在外，还没个去处。”王生说：“我家离这儿不远，只要愿意，可委屈暂住。”女子很高兴地答应了。王生帮她提着包袱，领她一块到了家里。女子看看屋里没有别的人，就问：“您怎么没有家眷？”王生答道：“这是我的书房。”女子说：“这是个好地方，如果您同情我，让我生活下去，必须保守秘密，不要对别人说起。”王生满口答应，就和她同居了。王生让她藏在密室，过了好多天也没人知道。后来，王生将这事悄悄告诉给妻子陈氏，妻子疑心这女子是大户人家的小妾，劝丈夫将她送走，王生根本不听。

一个偶然的机会，王生在市上，碰见一个道士，道士看到他后，现出惊愕的神色。问他：“你遇见过什么？”王生说：“没有遇上什么。”道士说：“你身上邪气环绕，怎能说没有遇见什么？”王生极力辩解。道士只好离去，临走时还遗憾地说：“糊涂啊！世上竟有死期就要临头还不觉悟的人！”王生因他话里有话，不得不怀疑起那女子。又转念一想，明明是个美丽的姑娘，怎么会是妖怪，猜想是道士借镇妖除怪来赚取几个饭钱吧？一会儿功夫，他就回到书房，一推门，发现里边插着，进不去。于是起了疑心，就翻墙进去，而房门也紧关着。他蹑手蹑脚走到窗前朝里面偷看，只见一个恶鬼，脸色青翠，牙嶙峋犹如锯齿一般。那鬼把一张人皮铺在床上，正拿着一支彩笔在上面描画着，很快就画好了，把笔扔在一旁，然后双手将人皮提起来披在身上，顷刻间化成一位女郎。看见这情景，王生吓得胆颤心惊。一声也不敢吭，像狗一样伏下身

爬了出去，慌慌张张去追赶道士。然而，那道士早已不知去向。他到处去找，终于在野外碰见。王生扑通一声跪在地上向道士哀求救命。道士说："让我替你赶走它。其实这鬼也怪可怜的，好不容易才找到一个替身，我也不忍心伤害它的性命。"于是他把蝇拂交给王生，叫他拿回去挂在卧室的门上，分手时向王生约定有事到青帝庙去找他。

王生回到家里，不敢去书房，晚上就睡在内房，并将道士给他的蝇拂挂在门上。约莫到了一更时分，他听见门外有戢戢的声响，王生自己不敢去看，却叫妻子去偷偷看，只见那女子来了，望着门上的蝇拂不敢进屋。女子在门外咬牙切齿，站了很久才离去。过了片刻却又来了，而且嘴里骂着"道士吓唬我，我总不能把吃进嘴里的食物又吐出来!"于是便将蝇拂取下来弄碎，竟然破门而入，径直闯到王生床前，剖开王生的肠肚，双手抓起王生的心脏离去。王生的妻子吓得大声呼叫。丫鬟端着蜡烛进来一照，见王生已死，胸腔到处血迹模糊，陈氏吓得连哭都不敢出声。

第二天，叫王生的弟弟二郎赶去告诉道士。道士发怒说："我本来是怜悯它，它竟敢这样!"当即就跟着二郎一起赶来。但那女子已不知去向。道士抬头环顾四周，说："幸好没走远。"又问道："南院住的是谁家?"二郎说："我住在那里。"道士说："它现在就在你家里。"二郎一听很诧异，认为没有。道士又问："是不是有个陌生人曾经来过?"二郎回答说："我一大清早就到青帝庙去请您，确实不知道，我可以回去问问。"二郎去了一会儿，就回来说："果然有人来过，早晨来了个老妇人，想在我家做仆人，我妻子把她留下了，还在家里。"道士说："正是这鬼怪。"当即和二郎一起前往。道士手执木剑，站在庭院中央，大叫一声："大胆孽鬼，快快还我蝇拂来!"老妇人在屋里吓得大惊失色，正要出门逃路，道士急追过去，一剑将她击倒在地，人皮哗啦一声脱落下来，立地还原成一个恶鬼，躺在地上像猪一样地嗥叫着。道士用木剑削了它的头，那鬼顷刻间化为浓烟，在地上盘旋成一团。道士拿出一个葫芦，拔开塞子，将葫芦放在烟雾中，眨眼间就将那烟雾全都吸进葫芦里。道士塞住葫芦口，将葫芦收好装进袋子。大家去看人皮，眉眼手脚都很齐全。道士像卷画轴似地将人皮卷起来收好，正要告别离去，陈氏跪在门口，哭求道士让他把丈夫救活。道士推辞无能为力。陈氏哭得更加悲伤，伏在地上不起来。道士沉思了一下说："我法术太浅，实在不能起死回生。我指给你一个人，他也许能救你丈夫，你去求他一定会有结果的。"陈氏问："什么人?"道士说："街上有个疯人，常常睡在粪土里。你去试着向他求告，他若要发狂侮辱你，你千万不要气恼。"二郎也知道有这么个人。于是辞别了道士，和嫂嫂一起上街去找。

他们见有个乞丐正在路上唱歌，鼻涕流有三尺长，满身污秽叫人无法接近。陈氏跪行向前，那乞丐笑着问道："美人儿爱我吗?"陈氏向他说明来由。乞丐又大笑着说："人人都可以做丈夫，救活他有什么用?"陈氏坚持苦苦地哀求。乞丐说："真是怪了！人死了乞求我来救活，难道我是阎王吗?"说完，怒气冲冲地用拐杖打陈氏。陈氏含泪忍受着疼痛和侮辱。街上看热闹的人渐渐云集过来，在四周围成了人墙。乞丐咳痰唾涕弄了满手，举到陈氏嘴边说："吃了它!"陈氏涨红着脸，但她想起道士的嘱咐，就强忍着吞食下去。她只觉得那东西进到喉咙里梗得像一疙瘩棉絮，格格而下，随后郁结在胸口不动了。乞丐大笑着说："美人爱上我啦!"说完，就起身走了，连头也不回。他们追随其后，进到庙里，想再去求他，但却不知他在哪里。他们在庙前后找遍了，也不见他的踪影。

陈氏羞愧万分地回到家里，怜念丈夫的惨死，又回想起在大街上当着众人的面吞食乞丐的咳痰唾涕，真是倍感奇耻大辱，难受得俯仰痛哭，恨不得即刻死掉。她正要擦去血污收尸入棺，家人站在一旁望着，没人敢到跟前去。陈氏抱尸收肠，一边收拾一边痛哭。直哭得声音嘶哑时，突然想要呕吐，只觉得胸口间停结的那团东西直往上冲，哇地吐出，还没来得及看，那东西就已经掉进丈夫的胸腔里。她很吃惊地一看，原来是一颗人心，已在丈夫的胸腔里"咚咚"地跳了起来，而且热气蒸腾，像烟雾一样缭绕着。陈氏感到十分惊异，就急忙用双手合住丈夫的胸腔，用力往一块挤。她稍一松手，热气就从缝里冒出来。于是她又撕下绸布当带子，把丈夫的胸腔紧紧捆住。她再用手去抚摸尸体，已觉得慢慢温暖了。然后她又给盖上被子，到半夜时掀开被子一看，竟然有了呼吸。第二天天亮时，丈夫终于活过来了。一苏醒他就说："我恍恍惚惚，就像在梦中，只觉得肚子在隐隐作痛。"他们再看肚皮被撕破的地方，已经结了像铜钱大的痂，不久完全好了。

异史氏说："世人啊太愚蠢！明明是妖怪，却把它当成美女。愚人啊糊涂！明明是忠告之语，却看作是妄言。然而，贪恋别人的美色，并企图占有她，自己的妻子就要甘心情愿地吞食别人的痰唾。天道善于报应，而那些既愚蠢又糊涂的人不省悟罢了，太可悲啊!"

（二）典故轶事——灯下读诗

淄川城的东边有一个蒲家庄。村子四周被垂柳环绕，村外有条清澈见底的小河，不远处是蜿蜒起伏的群山。1640年，蒲松龄就出生在这个山青水秀的村庄。

蒲松龄家兄妹五人，他排行第三。父亲蒲某很有学问，却没有取得功名，后来就去做生意。由于不善经营，买卖并不兴隆，家里人口又多，生活很不富裕，没钱请老师，父亲就亲自教孩子们念书。几个孩子里数蒲松龄最聪明，最刻苦，也最得父亲的宠爱。

蒲松龄不但学习用功，方法也很巧妙。一天晚上，他在灯下读诗，一首古人描写月光的诗吸引了他，尤其对“山明疑有雪，岸白不关沙”这两句，十分欣赏。他的脑海里浮现出这样的图景：山峦披着月光，就像布满了积雪；河岸一片白茫茫，就像铺了一层银色的沙子。这两句写得多么逼真，多么优美啊！蒲松龄马上把这首诗抄在了本子上。他又想：这位诗人还有没有其它描写月光的诗呢？于是，他又翻阅起诗集，把写月的诗都找出来，仔细抄在本子上。后来，蒲松龄又把其他诗人写月的诗都抄录下来，还用同样的方法阅读抄录了很多古人咏雪的诗歌。就这样，他广泛阅读，分门别类抄录下来，再加以比较，细心体会，渐渐地掌握了写诗的方法。后来，他的诗写得十分出色，和小时候下了功夫很有关系。

四、后世评价

如果问大家一个问题，中国古代最好的小说是哪一部？毫无疑问，白话长篇小说《红楼梦》。如果再问，哪部小说在艺术形式上和《红楼梦》不同，成就可以与之相媲美？文言短篇小说集《聊斋志异》。聊斋红楼，一短一长，一文一白，形成中国古代小说的双峰。

《聊斋志异》不仅是中国文学的骄傲，它还是世界文学中非常有影响的作品，经常让汉学家感到惊奇。马瑞芳称他是“世界短篇小说之王”。鲁迅先生在《中国小说史略》中说此书是“专集之最有名者”；郭沫若先生为蒲氏故居题联，赞蒲氏著作“写鬼写妖高人一等，刺贪刺虐入骨三分”；老舍也曾评价过蒲氏“鬼狐有性格，笑骂成文章”。《聊斋志异》是一部积极浪漫主义作品。它的浪漫主义精神，主要表现在对正面理想人物的塑造上，特别是表现在由花妖狐魅变来的女性形象上。另外，也表现在对浪漫主义手法的运用上。作者善于运用梦境和上天入地、虚无变幻的大量虚构情节，冲破现实的束缚，表现自己的理想，解决现实中无法解决的矛盾。

五、后世纪念

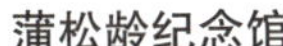

蒲松龄纪念馆

邮票上的蒲松龄

蒲松龄纪念馆坐落在淄博市淄川区蒲家庄，是为纪念蒲松龄而设立的文化名人纪念馆。现拥有六个小院、七个展室，占地面积 5 000 多平方米，展览面积2 000多平方米。主要景点有聊斋复原陈列馆、蒲松龄生平展室、聊斋故事彩塑展、馆藏名人字画展等。

2015 年 4 月 4 日，中国邮政发行《中国古代文学家（四）》邮票，其中一枚就是蒲松龄。

头脑风暴

1. 简述王羲之的书法风格与造诣。
2. 简述张择端代表作品的艺术成就以及后世影响。
3. 为什么《文心雕龙》会成为刘勰的光辉夺目之作？
4. 李清照的经典诗词有哪些？
5. 蒲松龄的生平经历给你带来什么感悟？

参考文献

1. 王玉梅. 论王羲之的书法艺术成就［J］. 改革与开放，2011（08）：198－199.

2. 徐学毅.《郗司马帖》非寄周抚——兼论王羲之生卒年［J］. 长江大学学报（社会科学版），2012（12）：184－185.

3. 岳亮. 论王羲之《兰亭序》书法艺术特色［J］. 兰台世界，2012（36）：137－138.

4. 连静. 张择端《清明上河图》的艺术风格及其历史地位研究［D］. 河南大学，2011.

5. 耿聪. 永恒的历史瞬间——论张择端《清明上河图》的艺术意蕴及历史价值［J］. 芒种，2012（09）：80－82.

6. 高坤. 近十年中国大陆蒲松龄研究综述［D］. 东北师范大学，2008.

7. 王一兵. 简论蒲松龄笔下的狐女形象［J］. 学术交流，2008（10）：172－174.

齐鲁风俗

齐鲁大地幅员辽阔，是儒家文化的发源地，拥有景色宜人的山川河流，以及极具地方特色的风俗礼节。齐鲁文化经过几千年的历史沉浮，不仅没有消退，反而历久弥新。齐鲁风俗作为一种地域特色的风俗文化，究竟对整个中国的发展变化起了多大作用，虽说只言片语难以表达，但它的影响力却是不可否认的。

通过本章的学习，你将可以更全面地了解齐鲁大地的风俗人情，增强对中国传统文化的认同感与归属感。

第一节　婚嫁礼俗

一方水土养一方人，一方文化蕴一方风情。齐鲁大地的风俗有自己的特色，婚嫁礼俗也与其他地方有差异。

一、婚嫁程序

齐鲁地区的婚嫁大抵包括如下流程：议婚、订婚、送日子、铺房、迎娶、拜堂合卺、闹洞房、回门等，这些环节都是不可或缺的。

（一）议婚

议婚是传统婚礼礼节之一，亦称议亲，属商议婚娶的最初阶段，由男方派人到女方家提亲开始，经过换帖、卜吉、合婚、相亲等程序，到订婚为止。在这一过程中，男女当事人是没有多大发言权的。

“无媒不成婚”，议婚初始，一般是由男方家长委托媒人或亲友、邻里前往女方家中提亲。这一程序相当于“六礼”中的“纳采”。

如果女方家长考虑结亲，男方便再次托人或由媒人到女方家询问女方名字和出生日期，以便“开八字”，请阴阳先生审看男女双方的命相是否相合。具体做法是，把男女双方的出生年、月、日、时“四柱”干支写在绢帛或麻纸上，然后请人卜算，看双方命相有无克异。民间一般认为，男女生肖犯“对冲”的不宜婚配。各地历来都有“白马怕青牛，兔、龙泪交流，猪、狗不到头，蛇、虎如刀错，羊、鼠一旦休”之类的俗语。现在大部分地方都不再讲究了。如果男女双方“八字”相合，两家即择吉日传换庚帖，重新写明男女双方的出生年、月、日、时等事项，亲事算初步定下。

（二）订婚

订婚，又称婚约。依照民间习俗，通常结婚前先有订婚之仪式：订立婚书、交换礼物或立媒妁人等。但依照我国现行法律，订婚并不是结婚前必备之程序，不经订婚之婚姻，不失其婚姻效力。

订婚礼的功能是将双方的婚姻关系用礼俗的方式加以确定，并获得社会承认和监督。男女一旦正式订婚，双方都要对这种关系负一定的道德责任，婚约的终止不再是随意的事情。如果发生变化，应经由双方协商或由他人调解。协商调解不成的，废除婚约一般也要通过一定的场合公开宣告。

（三）送日子

送日子，又称看日子、通日、送好、会话、下婆帖、问口、下礼、查日子、送娶牌，即古代的请期。请期就是男方家选定举行婚礼的日期，请女方家同意，在山东的一些地方，还要同时送聘礼。如山东鄄城的请期，分为要好、看好和送好三个步骤，相当有代表性。

“要好”就是在结婚前选一个吉日，如二月二、四月八、六月六等双月双日，由媒人到女方家去讨取女方的属相、八字。女方家则用一张红纸条写上“坤命×相×月×日×时生人”，交与媒人带回男方家。男方家根据女方的生辰八字，请人择定结婚的吉月利日，谓之“看好”。看好主要是找出行嫁月、吉日良辰和喜神所在的方位，同时还要算出迎亲、送亲之人在属相上的忌讳。吉日良辰一般选两个，一个在上半月，另一个在下半月，由女方家选择后再确定。择定吉日后，便写成婚书送往女方家，这就是“送好”。

女方家接到写有吉日的婚书后，就开始整理嫁妆，男方家也要收拾新房，做好迎娶准备，同时要通知亲朋好友。亲朋好友接到通知后就开始送喜礼，男女双方的喜礼都要记入账簿，俗称“喜簿”，以作将来还礼的凭证。

临近婚期，男方家要向女方家送催妆礼。德州一带催妆时要写催妆帖，备四色礼物，同嫁衣一起，由媒人带人抬着送往女方家。女方家收到催妆帖后，要开发喜钱，款待媒人和送礼人，将送来的礼品留下两样，其余退回，表示知道该去送嫁妆了。男方家在送催妆礼的同时，还要探询女方家送嫁妆、送亲时到男方家去的人数及性别，以便提前安排招待工作。

（四）铺房

迎娶前一天，女方家派人到男方家，与男方家一起铺设新人卧室。铺设物的准备，男女两家不一样。《明史·礼志》载："亲迎前一日，女氏使人陈设于婿之寝室，俗谓之铺房。"胡朴安在《中华全国风俗志》中提道："婚期前几日，女家铺房。除床外，木器皆女家备办，谓之一房一屋。帐幔铺盖必双，谓之两铺两盖。而豪家夸富者，更有四铺四盖、八铺八盖。铜锡瓷器若干抬，大红箱若干对。房屋陈设必华，首饰衣服，具奁薄中，悉数不尽。"但是这些嫁妆在现在看来有些浪费。

（五）迎娶

迎娶，俗称喜事。通常是由新郎亲自到女方家迎娶新娘。具体的要求和步骤如下：

1. 第一步：敲门

新郎敲门，女方家人在屋内可以稍稍为难新郎一下，但不宜太久。很多地方迎亲时有堵门的习俗，新娘的伴娘或者姐妹会拦截新郎和伴郎进入，然后刁难他们，并要求新郎给红包。

2. 第二步：认亲

新娘父母站在门口迎接男方接亲人员，由新郎向新娘父母介绍接亲亲属，双方握手寒暄进屋落座，由新娘父母及亲属招待男方接亲人员。

3. 第三步：求婚

新郎向新娘单腿跪地献花求婚并说几句能打动新娘的浪漫话语，新娘可为难新郎一下，但时间不宜过长。

4. 第四步：互戴胸花

新郎新娘互戴胸花，新郎给新娘父母戴胸花，并合影留念。

5. 第五步：新郎改口

新娘父母落座，新郎新娘面向父母站好，新郎正式改口叫爸妈并三鞠躬，新郎给爸爸点根喜烟，给妈妈扒块喜糖，父母赏新郎改口费，对新郎新娘今后的生活说几句叮咛祝福的话，新郎向岳父岳母保证善待新娘、孝敬双方父母。

6. 第六步：吃面条

一碗面条两个鸡蛋，新郎新娘相互夹给对方吃。

7. 第七步：换踩堂鞋

一般由新娘妹妹或者伴娘完成，新郎将新娘抱上车，新鞋下面铺一块红布，新娘妹妹或伴娘给新娘穿完鞋后把旧鞋收起，新郎给新娘妹妹或伴娘红包。

8. 第八步：出门

双方亲属上喜车，女方亲属先上车，男方亲属后上，不许空车。新郎新娘坐第一辆车。

9. 第九步：燃放烟火

婚车离开女方家要燃放鞭炮。

（六）拜堂合卺

新郎将新娘接到家后，举行拜堂仪式。拜堂之始，燃烛，焚香，放鞭炮，奏音乐。音乐完毕，司仪主持：“香烟缥缈，灯烛辉煌，新郎新娘齐登花堂。”新人就位，司仪诵唱“一拜天地，二拜高堂，夫妻对拜，送入洞房”，依次行礼。在封建社会时期，新郎新娘先至家庙参拜祖先，之后夫妻行交拜之礼。现代婚礼多不跪拜，改行鞠躬礼，向父母鞠躬，夫妻相对鞠躬。

拜堂完毕，新郎新娘在众人簇拥下进入洞房。入洞房后，还要用同一器皿饮食，行“合卺礼”。一般是新郎新娘先各端酒杯稍饮一点，然后将两杯酒掺兑，两人换杯饮完。

（七）闹洞房

闹洞房是中国婚俗中的一种形式，亲戚朋友可在新房嬉笑逗乐，其招数千奇百怪，有时让新郎新娘哭笑不得。闹洞房从积极的意义上说，能增添热闹气氛。旧时代男女结合多是经人介绍，相互之间比较陌生，闹洞房能够让他们消除陌生感，为新婚生活开个好头。此外，闹洞房还能使亲友彼此熟识，显示家族的兴旺发达，增进亲友间的感情。

闹洞房是“三天不分大小”，新郎新娘乃至新郎的父母往往会被他人甚至晚辈们取笑捉弄，但被捉弄取笑者不能生气，以免破坏新婚的喜庆气氛。

（八）回门

回门又称“归宁”，即“回娘家”。即成婚后三、六、七、九、十日或满月，女婿携礼品，随新娘返回娘家，拜谒妻子的父母及亲属。由于“回门”是新婚夫妇一起，故称“双回门”，取成双成对的吉祥之意。回门时，旧俗规定新娘走在前面，返回男方家时，新郎走在前面，因为这次回门是女儿出嫁后第一次回娘家，有的地方又称“走头趟”。“双回门”后，一般不准在娘家留宿，必须当日返回男方家，因为旧时有新婚一个月内不空房的风俗。

二、特殊婚嫁

除了一般的婚嫁习俗外，由于社会、历史等原因，山东地区还存在多种特殊的婚嫁形式，折射出独具一格的齐鲁文化风格，其中包括童养、招赘、改嫁、冥婚、服内婚等。

（一）童养

在很多古装剧中都会出现童养媳，童养媳是中国旧时带有剥削和强制性质色彩的婚姻形式，是封建家长制度下产生的畸形婚姻之一，包括下述两种情况：

（1）某一家有了男孩后，买进或抱养他人家的幼女做养女，待其长大后与自己的儿子成亲。其目的在于买个廉价劳动力，结婚时还能省下一笔婚礼费用。

（2）家中没有子女，买个养女，这样既可以防老，也可在有儿子后将其转为儿媳，俗称“等郎婚”。

如今，童养婚俗早已成为历史。

（二）招赘

招赘俗称“倒插门”，是男方入赘到女方家与女方居住的婚姻形式。一般说来，当一个家庭没有儿子时，就会想方设法地招赘，这样既能继承家产、传延子嗣，又能养老送终。

招赘婚礼与一般婚礼的举行形式基本相同，只是所有仪式都在女方家举行。旧社会的赘婿会遭到人们的歧视，不仅在家庭和社会中没有太高的地位，还要改姓妻子的姓氏。因此，入赘者多为穷苦且无力娶妻的男子。

新中国成立后，男子入赘女家的婚姻形式已经得到社会的广泛认同并受法律保护，上门女婿也能够与其他家庭成员享有同等待遇。

（三）改嫁

改嫁包括寡妇改嫁和妇女离婚再嫁两种。这种婚姻形式在旧社会是受封建伦理道德观念束缚的，出现的可能性非常小，因为不仅妇女自身顾虑太多，还会受到婆家、娘家与社会舆论的阻挠。

通常情况下，寡妇改嫁时不能举行结婚仪式，女方不能坐轿，由男方在夜间用车接过去，夫妻悄悄吃顿喜面，即算礼成。

在莱阳地区，寡妇改嫁被人们称为“出水”，民间有“为寡妇写婚书有损阴德”的说法，所以没有人愿意给他们写婚书。

在日照地区，改嫁被称为“二道门”或者“伴伙头”，婚礼仪式极其简单，女方坐车不坐轿，即便是坐轿也只坐蓝布轿，还不能遮掩轿门。婚礼当天，女方早早被男方接到家中。来到男方家后，女方直接进入厨房，至此仪式宣告结束。

以前，在沂蒙山区和曲阜等地还有“抢寡妇”的习俗，俗称“打滚”。当寡妇有改嫁意图时，要悄悄请人说合，切不可走漏风声。如果被人知晓，结婚当晚的中途就有可能被其他村子的人合伙拦劫，一旦被抢走，就会成为村中光棍的媳妇。

在以前的长岛县，寡妇想要改嫁，要为亡夫烧过“百日”。届时，既要通过媒人说合，又要征得公婆同意，还要等新丈夫向公婆付足钱后方可被娶。出嫁通常在傍晚，由男方派人领亲，走至半路僻静处时新娘需更换新衣，衣服必须素淡。新娘来到男方家后，所有的祖宗牌位都要用红纸罩盖，防止“丧气”冲“神”。

如今，改嫁是受法律保护的婚姻形式之一，民间习俗也有很大改变。

（四）冥婚

冥婚也叫“结鬼亲”，是一种为死人缔结婚事的婚姻形式，撮合冥婚者被称为“鬼媒人”。

据史书记载，冥婚起于曹魏时期。冥婚虽然算作喜事，但不免红、白两事的礼仪混杂交错，在很大程度上要看当事人的主张如何，故冥婚礼仪的形式地区差别很大。一般说来，冥婚也要通过媒人介绍，双方过门户帖，到命馆合婚，取得龙凤帖。结为冥婚后，双方家庭会成为亲戚，和正常婚姻相似。

如今，有些地方的父母依然为其夭亡的子女举行冥婚，这种陋俗没有从根本上断绝。

（五）服内婚

按照旧时的礼俗，穿着父母或者祖父母的孝服是不能举行婚礼的。有些人家的婚期将近，可家人突然去世，在婚期来不及改变的情况下，只能服内成婚。此时，婚礼需要从简，只用轿子将新娘接来，进家门后就应该脱下吉服，换上丧服守孝。

现在也有在父母丧期内结婚的，通常仪式比较简单，没有那么多繁文缛节。

第二节　交际礼俗

中国是礼仪之邦，中华文化始终注重交际礼仪。齐鲁文化作为中华文化的集大成者，礼俗更是独特，其交际礼俗有着明显的地域特色。现代交际礼仪一般指人们在社会交往活动过程中形成的行为规范和准则。具体表现在礼节、礼貌、仪式、仪表等方面。

一、馈赠

在我国，亲朋好友、邻里乡间互相赠送礼品是很平常的事，节日互

赠礼品更是一种不可或缺的礼节。馈赠是中国礼仪文化的重要组成部分，也是人们联络感情的重要形式，通过礼物送去的是一份浓浓的关怀和爱意，礼尚往来使人们之间的情意更加深厚。

（一）节日赠礼

在山东地区，青年男女订婚后，每逢节日，男方家都要将准备好的礼品送到女方家，女方家也相应地回送礼品，礼品大都是女方亲自做的女红。

不同的节日，会送不同的礼品：

（1）立春：赠土牛，即用泥土做的牛。在古代，人们认为腊月出土的牛可以祛除阴气。后来立春时造土牛是劝农耕，象征春耕的开始。

（2）寒食节：赠麻花、馓子等。

（3）端午节：一般赠送粽子，有的地方还赠香荷包与艾虎兜以辟邪保平安。

（4）七夕：赠送自家做的巧果，鲁东地区比较盛行。

（5）中秋节：赠送月饼，还有瓜果，象征丰收。

（二）场合馈赠

在注重礼节的齐鲁大地上，在不同的场合，要赠送不同的礼品。

去刚刚生小孩的人家里送礼品一般都带着鸡蛋，十个鸡蛋为“一把”，送礼的时候还讲求送双不送单。回赠礼品一般为染红或者贴彩纸的鸡蛋，称为“喜蛋”。随着生活水平的提高，以及人们求简的心理，很多人图省事改送牛奶，甚至送钱。

婚礼上多送钱，有些地方还送肉与馒头。曲阜等地将婚礼上的礼品称为“贺礼”，贺礼中的钱被称为“喜礼”，也就是现在的份子钱。

老人过生日，古代富贵人家的寿礼一般是寿帐、寿画、寿桃，一般人家以送面条为主，俗称“长寿面”，祝贺寿星长命百岁。

丧礼一般是送钱，辅以其他用纸扎的东西。

（三）其他馈赠

在山东，如果求人办事不花钱就属于“欠人情”，逢年过节就应该以礼品回报，用来“还人情”。

在山东大部分地区，出嫁的女儿每逢春节、中秋节前都会给娘家送礼品。春节前送礼称为“行年礼”，礼品多为猪肉和粉条，还有鸡鸭鱼肉等。结婚当年的礼品会贵重一点，而娘家的回礼多为糕点，象征“步步登高”。如果送的礼品中有粉丝，娘家的回礼也必须有粉丝。如果用鸡做礼品，送时是两只红公鸡，回礼时得有一只红公鸡。中秋节一般送月饼和水果，在有些地方中秋节被看作娘看女儿的节日，在中秋节这一天或者提前几天，娘家人会去看望女儿。

现在大部分地区还保留着节日送礼的习俗，送礼是人们表达感情的一种方式，会增进人们之间的感情。

二、致敬礼节

在齐鲁大地上，有许多动作能代替语言，表达你对别人的敬重，别人也可以通过你的表现明白你的意思。

（一）叩头

叩头，对我们来说并不陌生。小时候，每逢过年，大人总会叫小孩给供奉的祖宗叩头、给长辈叩头。

中国很多地方都流行叩头礼。叩头的方式被宗教所引用，表示虔诚；被封建社会的统治者所引用，表示被统治者的臣服；到了民间，叩头作为一种表达内心情感的方式，可以表示多种不同的意思。

（二）作揖

作揖，即拱手为礼，是汉族民间传统的礼节，古代宾主相见时常用。行礼时，两手抱掌前推，身子略弯。近代随着西方文化传入中国，中国人接受并使用握手礼，作揖渐渐地被握手礼所取代。

揖礼属于相见礼。据考证，“揖”大约起源于周朝以前。周武王死后，其子周成王即位，由叔叔周公旦摄政，采取了许多措施来巩固政权，其中就包括建立起周朝的各项典章制度和礼乐制度。自此，揖礼开始大行于天下。

据《周礼》记载，根据双方的地位和关系，作揖有土揖、时揖、天揖、特揖、旅揖、旁三揖之分。土揖是拱手前伸而稍向下；时揖是拱手向前平伸；天揖是拱手前伸而稍上举；特揖是一个一个地作揖；旅揖是按等级分别作揖；旁三揖是对众人一次作揖三下。此外，还有长揖，即拱手高举，自上而下向人行礼。这些作揖的方法仍然不免要区分许多等级，现代人只要掌握最简便的作揖方法就可以。

向人作揖虽然表示恭敬，但相比于跪拜，它又不是最恭敬的，有时能表示倨傲，《汉书·高帝纪》就有“郦生不拜，长揖”的描述，显出狂徒郦生对刘邦的不服气。

（三）行礼

行礼需要先作揖，然后双膝跪地、叩头，屈膝一次为一叩。一般进行一叩、三叩、九叩。三跪九叩是最敬重的礼节，就是要三次下跪，每次下跪都要叩头三下。

（四）抱拳礼

抱拳礼是汉族传统礼仪中的一种相见礼，以左手抱右手，自然抱合，松紧适度，拱手，于胸前微微晃动，不宜过高、过于剧烈。

武术界的抱拳礼是在对作揖礼和少林拳的抱拳礼（四指礼）进行提炼、规范、统一的基础上得来的，并被赋予新的含义。其要领是右手握拳，左手抱着拳头，合拢在胸前。

武术界的抱拳礼有很多层含义：第一，左掌表示德、智、体、美“四育”齐备，象征高尚情操；屈指表示不自大、不骄傲，不以“老大”自居；右拳表示勇猛习武；左掌掩右拳相抱，表示勇不滋乱、武不犯禁。第二，左掌右拳拢屈，两臂屈圆，表示五湖四海（泛指五洲四洋），天下武林是一家，以武会友。第三，左掌为文，右拳为武，文武兼学。

（五）万福

万福是一种古代妇女相见行礼的方式，行礼时多口称“万福”，故又称万福礼。行礼姿势是双手交叠放在小腹，微屈膝。

（六）鞠躬

鞠躬，即弯腰行礼，是表示对他人敬重的一种礼节。它不仅是我国的传统礼仪之一，也是很多国家常用的行礼方式。在我国，鞠躬常用于下级对上级、学生对老师、晚辈对长辈表达敬意，也常用于服务人员对宾客致意，或表演者、演讲者、领奖者对观众表示尊敬和感谢，有时还用于向他人表达深深的感激之情或诚恳的道歉之意。

行鞠躬礼时，应取立正姿势，脱帽，双目注视受礼者，面带微笑，以腰部为轴，整个腰及肩部向前倾斜 15°～30°，目光也随身体自然下垂。行礼时，可以同时问候“您好”“早上好”“欢迎光临”等，也可致谢或致歉。礼毕，直起身体时，双目还应有礼貌地注视对方，使人感到是诚心诚意的。

鞠躬时，切不可撇开两腿，随随便便弯一下腰或只往前探一下脑袋。这是一种毫不在乎的表现，是对受礼者的不尊重。有的人一面鞠躬一面翻起眼睛看着对方，这是非常不妥当的，应该避免。鞠躬时，嘴里不要吃东西或叼着香烟，这也是不礼貌的。

男性在鞠躬时，双手要放在裤线稍前的地方，女性则将双手在身前轻轻搭在一起。日本人的鞠躬礼是以双手搭在双腿上，鞠躬时，双手向下垂的幅度越大，所表达的敬意就越强烈。

受礼者，除了长辈、上级、老师、宾客还礼时可不鞠躬，而用欠身、点头、微笑致意以示还礼外，其他人应以鞠躬礼相还。

第三节　古代信仰与民间禁忌

信仰是指对某人或某种主张、主义、宗教极度相信和尊敬，并以此作为自己行动的榜样或指南。古人相信可以依靠神来帮助和挽救自己的思想和生命，因而真心实意地把自己的身心交给自己相信的那尊神，让这尊神来指明自己的人生道路。所谓禁忌，就是人们因对神圣的、不洁的或危险的事物所持的态度而形成的某种禁制。

一、古代信仰

自古以来，齐鲁大地的信仰不受正统教派的影响。齐鲁地区的大部分信仰都具有原始意味，不受局限，随心所欲。

（一）神灵崇拜

山东民间崇拜的神灵非常广泛，有自然化的神、传说中的神、得道升仙的神等。人们根据自己的需要改造旧神，创造新神。而这些神的来源模糊不清，具体职位不清楚，礼仪形式比较单一。

天地神是古代民间普遍信仰的、主宰宇宙万物的大神。旧时民间多设一天地牌位或条幅供奉于中堂。祭天地源于自然崇拜，中国古代以天为至上神，以地配天，化育万物，祭天地有顺服天意之意。

玉皇大帝在中国古代神话传说中是极为特殊的天神，是众神之领袖。玉皇大帝源于上古的天帝崇拜。周朝及后世统治者利用天帝崇拜，鼓吹君权神授，极力鼓吹自己是天帝的儿子，受天命，故称天子。

月神是山东鲁西北地区民间崇拜的神灵，被称为“太阴星君”。古代人在祭祀月亮时，往往是辅助于祭祀太阳而行的。且祭日于东，祭月于西，以别内外，以端其位。

河神是山东民间崇拜的对象。河神又称河伯，常指黄河水神，是山东民间比较有影响力的河流神。商王朝建立以后，对河神的祭祀极为重视，建立河神庙。春秋战国时，地方性的河流崇拜十分活跃。

海神娘娘是渔民心中最大的神，祭海是乳山沿海民俗中的大事。海神娘娘维护一方海域安宁，当地人就在乳山口北岸山顶修建娘娘庙祭拜海神娘娘。旧时，船只行驶至那片水域，船长要亲自到船头跪拜，焚香祷告，祈求保佑。

城隍，有的地方又称城隍爷，是山东古代宗教文化中普遍崇祀的重要神祇之一。城隍产生于古代祭祀，是经道教演变的地方守护神。在明清以后，城隍成为一个神的官职，而不是一尊神明。都城隍为省级行政区所奉祀，相当于阳间的巡抚；府城隍相当于阳间的知府；县城隍相当于阳间的县令。各地的城隍由不同的人出任，甚至由当地的老百姓自行选出，选择的标准是殉国的忠烈之士，或是符合儒家标准的正直聪明的历史人物。

土地公又称福德正神，是山东民间信仰的神之一。供奉土地公的土地庙是中国分布最广的祭祀建筑。关于土地公的民间传说有很多，其中流传较广的一种说法是：土地公本名张福德，自小聪颖至孝，36 岁时，官朝廷总税官，为官清廉正直，体恤百姓之疾苦，做了许多善事，102 岁辞世。死后三天其容貌仍不变，有一贫户以四大石围成石屋奉祀，过了不久，即由贫转富。百姓都相信是神恩保佑，于是合资建庙并塑金身膜拜，因此生意人常祭祀之。亦有说在他死后，接任的税官上下交征，无所不欲，民不堪命。这时，人们想到张福德为政的好处，念念不忘，于是建庙祭祀，取其名而尊为福德正神。土地公信仰寄托了劳动人民祛邪、避灾、祈福的一种美好愿望。

灶神又称灶王爷、灶君、司命菩萨或灶君司命。灶神在汉族民间的地位是非常高的，灶神崇拜是由原始的火崇拜发展起来的一种神祇崇拜。原始人在学会了使用火之后，火成为原始人的自然崇拜之一。在原始人的群居生活中，那一堆永不熄灭的火便是他们的灶，因而在原始人那里，火神与灶神是一致的。不过，自灶神产生之日起，其职掌便与火或灶火毫无关系。民间普遍认为灶神是天帝派驻各家的监察大员，负责监督一家老小的善恶功过，定期上报天庭，因而受到老百姓的顶礼膜拜。民谚曰："二十三，祭灶官"，即指每年的腊月二十三祭祀灶神。

财神在民间传说中是主管财源的神，财神主要分为两大类：一是道教赐封，二是汉族民间信仰。道教赐封为天官上神，汉族民间信仰为天官天仙。财神信仰倾注了劳动人民的朴素情感，寄托着安居乐业、大吉大利的美好心愿。

在山东地区，对碧霞元君的信仰极盛，信徒奉之为神，祷之即应。碧霞元君的称号，直到近代，才为泰山娘娘所专有。在山东民间广为流行、宣扬叙述泰山娘娘灵迹的《泰山娘娘宝卷》，也被道教奉为教门经籍，纳入道书之列。

（二）灵物崇拜

除了供奉神灵之外，山东民间还崇拜一些灵物。

山东民间称狐狸为"狐仙"，人们乞求狐仙保佑食物年年不断。民间也有"狐仙下马"的说法，即指七窍全开之人被狐仙附身后，可预测凶吉。

黄鼬又称黄鼠狼，被民间唤作"黄二大爷"，旧时在天后宫中供有其塑像。它被老百姓崇拜，有两个原因：一是因为它同狐狸一样体态颇为美丽而又性情狡黠，使人感到神秘；二是人们认为它可以左右人的精

神世界，与一种精神错乱的疾病有关。

山东民间将喜鹊作为吉祥的象征。老百姓认为喜鹊能报喜。传说贞观末期有个叫黎景逸的人，家门前的树上有个鹊巢，他常喂食巢里的鹊儿，时间久了，人鸟之间有了感情。一次，黎景逸被冤枉入狱，他倍感痛苦。有一天，有一只喜鹊停在狱窗前欢叫不停。他暗自想，大约有好消息要来了。果然，三天后他被无罪释放。因为各种有关喜鹊的传说，画鹊兆喜的风俗大为流行，品种也更多样：如两只鹊儿面对面叫“喜相逢”；双鹊中加一枚古钱叫“喜在眼前”；一只獾和一只鹊在树上树下对望叫“欢天喜地”。流传最广的则是鹊登梅枝报喜图，又叫“喜上眉梢”。

蝙蝠与燕子也是山东民间推崇的灵物。蝙蝠简称“蝠”，因“蝠”与“福”谐音，人们以蝙蝠表示福气。民间绘画中画五只蝙蝠，意为“五福临门”。旧时丝绸锦缎常以蝙蝠图形为花纹，婚嫁、寿诞等喜庆场合妇女头上戴的绒花和一些服饰、器物上也常用蝙蝠造型。燕子象征兴旺发达，它在谁家垒窝，就预示着谁家兴旺。胶东一带每年清明节都会做面燕，就是“子推燕”，是祈子的灵物。

除了动物崇拜还有植物崇拜，最普遍的就是古树。在万物有灵的观念支配下，一些古树被赋予某种灵性与神力。树在山东民间常被认为是神灵附着之地，那些高大茂盛、粗壮古老、形状怪异的树，更是带有某种神秘色彩，被迷信的人所崇拜、敬祀。其中，求儿女者有之，治病心切者有之，贫困潦倒者有之，渴望发财者亦有之。有些地方的村民只要在生活中有不如意的地方，就向大树祈福。

桃木枝历来被人们当作辟邪之物。位于泰山西麓的肥城拥有世界上最大的桃园，已有千年的桃树栽培历史。传说，东南方向的桃木枝具有镇灾避邪之功效。汉时，刻桃木印挂于门户，称为桃印。而桃则寓意长寿，给老年人祝寿，送上一盘寿桃，表示祝愿老年人健康长寿。桃木及其制品之所以具有这等神力，根植于古人认定桃树为百鬼所惧的神秘观念。

槐树、石榴树等都是多子的，人们将它们看作生育的灵物，山东地区许多人家的庭院里都栽种着石榴树。民间有“榴开百子”的说法，榴的谐音为“留”，因此有留下子孙的意思。槐树常栽在大门前，有句俗话："门前一棵槐，不是招包就进财。"民间还传说不孕的妇女吃了槐树豆子就能"怀子"。

山东民间还有对水的崇拜，认为特定的水有特定的功效。比如服药、泡茶要用无根水。无根水，也叫天水，泛指天上落下的水，一般主要指雨水，也包括霜、露水、雪等。泰山王母池里的水和崂山下清宫里的水，被人们看作能够医治百病的神药。

山东最出名的石头崇拜当属泰山石敢当。古人认为东岳泰山之石具有独特的灵性和神力，因此泰山的石头就被认为是保佑家庭的神灵。传说汉朝时汉武帝登泰山，曾带回四块泰山石，置未央宫的四角以辟邪。后来泰山石被人格化，姓石名敢当，又称石将军。泰山石敢当作为一种民间习俗，所包含的"石敢当，镇百鬼，厌灾殃，官吏福，百姓康，风教盛，礼乐张"的"平安文化"，反映了人们普遍渴求平安祥和的心理认知，因此它可以广泛传播。现代仍然有泰山石敢当信仰的民俗存在，说明广大民众从古至今渴求平安吉祥的美好愿望是一致的。

二、民间禁忌

禁忌是人类普遍具有的文化现象。禁忌，一方面指的是"神圣的"或者"不洁的""危险的"一类事物；另一方面是指言行上被"禁止"或者心理上被"抑制"的一类行为控制模式。一般来说，禁忌属于风俗习惯中的一类观念。民间禁忌主要是指社群内共同的文化现象，包括对神灵的崇拜和畏惧，对欲望的克制和限定，对仪式的恪守和服从，对教训的总结和汲取。在今天看来，禁忌一部分是科学与唯物的、礼仪的，另一部分又是宗教信仰的延伸。

（一）衣食禁忌

在日常生活中，无论是衣食住行还是语言行为方面，山东地区有许多需要注意的地方。如吃饭时不要敲碗，这是乞丐的行为；把筷子横放在碗上，是供奉死人的做法；客人进门第一顿最好不要吃水饺，在人们的意识中，水饺是送行的食物，面条才是迎客的食物，即我们所说的"送客饺子进门面"；吃饭时忌把鱼翻过来；等等。这些禁忌在有些地方还保留着，但现在很多年轻人已经不在乎这些繁文缛节。

衣饰方面的禁忌，多在妇女中间流行。如衣服的下摆忌毛边，那是丧服的形式；衣服的扣子喜单忌双，说是"四六不成材"；男人忌从晾晒的女人衣裤下走过，说这样是女高男低，妨碍男人的运气。

（二）居住禁忌

居住方面的禁忌也很多。如盖屋忌向太岁，在太岁方向盖屋谓之“冲太岁”，或谓“在太岁头上动土”，不吉利；所用木料忌用槐木，因槐字有“鬼”；住房忌直接面对小胡同，因小胡同又名箭道，会射伤其家；住房忌布局失调，如街门或南屋门正对堂屋窗时，谓之“门对窗人遭殃，窗对门必伤人”；东西厢房的屋角忌对北屋窗子；忌自己的正房矮于邻居的房脊；也忌前邻的房子高，意为挡风水，有“屋高压四邻”的说法。临清一带鸡窝忌垒在正屋的屋檐下，认为不吉利。有些地方的宅院植树忌前植桑后植柳。

（三）正月禁忌

正月作为一年之始，在民间最受重视。汉族及其他一些民族都视整个正月为新的一年年运好坏的“兆示期”，所以整个正月期间的习俗、禁忌也特别多，最常见的有以下几种。

1. 忌打碎器物

平时打碎器物就犯忌，新年里打碎器物就更是不好的兆头。旧时民俗认为正月打碎器物，新的一年会有不好的运势。所以打碎器物时要赶紧说一声“岁（碎）岁（碎）平安”或者“越打越发”或者“旧的不去新的不来”等，以作禳解。

2. 丧家忌拜年

家有丧事，三年服丧期间，过年的一切行事都要取消。最忌讳的就是到别人家去拜年，别人在正月里也应尽量不到丧家去，不得已要来往时，不进屋内，而是站在门外说话。

3. 忌吵架、骂人

正月里忌吵架、骂人。旧时民俗认为正月里吵架会败兴一年，骂人会带来凶祸。

4. 忌剃头

旧时正月里忌讳剃头，俗说“剃头伤舅”。据有关资料记载，清朝建立后，清政府下剃发之诏，明朝体制得以更改。国民剃头，思及旧君，故曰“思旧”。相传已久，遂误作“死舅”。

（四）婚丧禁忌

在各种礼仪中，婚丧的禁忌最为繁多。如新婚前夜，准新郎最好找个未成年的男童一同睡新床，否则犯了睡空床的禁忌。新郎到新娘家中迎娶新娘，新娘离家时应喜极而泣，且哭得越快越大声越好，这叫留下“水头”旺女家，有越哭越发之意。如若在迎亲途中遇上另一队迎娶车队，这种情况叫“喜冲喜”，会抵消彼此的福分，所以必须互放鞭炮，或由双方媒人交换事先预备好的花朵来化解。当新娘步入男方家时，翁姑二人以及孕妇和守孝之人要回避，以防相冲。亲人亡故不能说死了，要说“老了”“走了”等。子女在服孝期间不能穿红、绿、黄等颜色鲜艳的衣服，只能穿素淡的。

第四节　春节

中国的传统节日很多，有春节、元宵节、清明节、端午节、七夕、中秋节、重阳节、冬至、腊八等，其中春节是一年当中最为隆重的节日。

春节是农历的岁首，是中国最盛大、最热闹、最重要的一个古老传统节日。传统意义上的春节是指从腊月初八的腊祭，或者腊月二十三或二十四的祭灶，一直到正月十五，其中以除夕和正月初一为高潮。如何庆贺这个节日，在千百年的历史发展中，形成了一些较为固定的风俗习惯，有许多还相传至今。在春节这一传统节日期间，我国的汉族和大多数少数民族都要举行各种庆祝活动，这些活动大多以祭祀神佛、祭奠祖先、除旧布新、祈求丰年为主要内容，活动形式丰富多彩，带有浓郁的民族特色。2006年，“春节”民俗经国务院批准，被列入第一批国家级非物质文化遗产名录。

一、春节的来历

关于春节的来历，有一个流传比较广泛的传说：中国古时候有一种叫“年”的怪兽，头长触角，凶猛异常。“年”兽长年深居海底，每到除夕才爬上岸，吞食牲畜，伤害人命。因此，每到除夕这天，人们都要扶老携幼逃往深山，以躲避“年”兽的伤害。有一年除夕，从村外来了个乞讨的老人，村子里一片匆忙恐慌的景象，乡亲们都在准备逃往深山。村东头一位老婆婆给了老人一些食物，并劝他快上山躲避“年”兽。那老人笑道：“婆婆若让我在家待一夜，我一定把‘年’兽撵走。”老婆婆继续劝说，乞讨老人笑而不语。半夜时分，“年”兽闯进村，它发现村里气氛与往年不同：村东头老婆婆家门贴大红纸，屋内烛火通明。“年”兽浑身一抖，怪叫了一声。临近门口时，院内突然传来“砰砰啪啪”的炸响声，“年”兽浑身战栗，再也不敢往前凑了。原来，“年”兽最怕红色、火光和炸响声。这时，老婆婆家的院门打开，只见院内一位身披红袍的老人在哈哈大笑，“年”兽大惊失色，狼狈逃走。这件事很快在村里和邻村传开了，人们都知道了驱赶“年”兽的办法。从此每年除夕，家家贴红对联、燃放爆竹，户户烛火通明。

二、春节习俗

（一）祭灶

我国春节，一般是从祭灶揭开序幕的。祭灶，开始于农历腊月二十三，是一项在山东乃至全国都影响很大、流传极广的习俗。旧时，差不多家家灶间都设有“灶王爷”神位。

（二）扫尘

“腊月二十四，掸尘扫房子。”据《吕氏春秋》记载，我国在尧舜时代就有春节扫尘的风俗。按民间的说法：因“尘”与“陈”谐音，新春扫尘有“除陈布新”的含义，其用意是要把一切穷运、晦气统统扫出门。这一习俗寄托着人们破旧立新的愿望和辞旧迎新的祈求。每逢春节来临，家家户户都要打扫环境，清洗各种器具，拆洗被褥窗帘，洒扫庭院，掸拂尘垢蛛网，疏浚明渠暗沟，到处洋溢着欢欢喜喜搞卫生、干干净净迎新春的欢乐气氛。

（三）接玉皇

旧俗认为灶神上天后，玉皇大帝于农历十二月二十五日亲自下界，了解人间善恶，并定来年祸福，所以家家祭之以祈福，称为“接玉皇”。这一天起居、言语都要谨慎，争取好好表现，以博取玉皇大帝欢心，来年降福。

（四）洗浴

腊月二十六洗浴为“洗福禄”。民间有“二十七洗疚疾，二十八洗邋遢”的谚语。传统民俗中，在这几天要集中洗澡、洗衣，除去一年的晦气，准备迎接来年的新春。

（五）除夕

除夕是农历全年最后一个晚上，人们要除旧布新，有旧岁至此而除、来年另换新岁的意思。在这一天，民间有贴春联、守岁、燃放爆竹、吃年夜饭、祭祖的习俗。

春联的源头是桃符，最初人们以桃木刻人形挂在门旁以避邪，后来画门神像于桃木上，再简化为在桃木板上题写门神名字，最后演变为贴春联。此外，有些地方的人还贴福字、贴窗花、贴年画，这些民俗都具有祈福、装点居所的功能。年画是我国一种古老的民间艺术，它反映了人民群众的风俗和信仰，寄托着人们对未来的希望。

我国民间在除夕有守岁的习俗，俗名“熬年”。守岁从吃年夜饭开始，这顿年夜饭要慢慢地吃，从掌灯时分入席，有的人家一直要吃到深夜。据相关资料记载，至少在南北朝时已有吃年夜饭的习俗。守岁的习俗，既有对如水般逝去的岁月的惜别留恋之情，又有对来临的新年寄以美好希望之意。

中国民间有“开门爆竹”一说。即在新的一年到来之际，家家户户开门的第一件事就是燃放爆竹，在爆竹声中除旧迎新。爆竹是中国特产，亦称“爆仗”“炮仗”“鞭炮”。其起源很早，至今已有两千多年的历史。燃放爆竹可以营造出喜庆热闹的气氛，是节日的一种娱乐活动。

吃年夜饭是春节期间家家户户最热闹愉快的时候。大年夜，丰盛的饭菜摆满一桌，阖家团聚，围坐桌旁，共吃团圆饭，心头的充实感真是难以言喻。有的地方吃完年夜饭，长辈要给晚辈压岁钱，并勉励儿孙在新的一年里学习长进、好好做人。

祭祖，古时这种礼俗很盛行。因各地礼俗不同，祭祖形式也各异，有的到野外瞻拜祖墓，有的到宗祠拜祖，而大多在家中将祖先牌位依次摆在正厅，陈列供品，然后祭拜者按长幼的顺序上香跪拜。

（六）拜年

春节里的一项重要活动，是到亲朋好友家和邻居那里祝贺新春，俗称拜年。旧时，拜年的方式多种多样，有的是族长带领若干人挨家挨户地拜年；有的是同事相邀几个人去拜年；也有大家聚在一起相互道贺的，称为“团拜”。由于登门拜年费时费力，后来一些上层人物和士大夫便使用帖子相互道贺，由此发展出后来的“贺年片”。春节拜年时，晚辈要先给长辈拜年，祝长辈长寿安康，长辈可将事先准备好的压岁钱分给晚辈。

（七）逛庙会

逛庙会是中国特有的年俗。春节庙会最早是民间的宗教仪式，庙会之时，通常由僧人、道士做法事或道场以祭祀神佛，人们也要进香朝拜、许愿、还愿、求福。庙会期间，也少不了商贩叫卖、民间艺术表演。庙会上有许多历史悠久、深受老百姓喜爱的传统项目，比如舞狮、舞龙、扭秧歌、踩高跷、跑旱船等。

（八）观社火

除了庙会，民间自演自娱的社火也是历史悠久的年节娱乐活动。社火源于古老的土地神与火神崇拜。社，即土地神；火，即火祖，是传说中的火神。土地是人们的立足之本，它为人类的生存发展奠定了物质基础。火是人们熟食和取暖之源，也是人类生存发展必不可少的条件。远古时期的人们认为火也有“灵”，并将其视为具有特殊含义的神物加以崇拜，于是形成了尚火观念。古老的土地与火的崇拜，产生了祭祀社与火的风俗。随着社会的发展，祭祀社火的仪式逐渐成为规模盛大、内容丰富、形式多样的民间娱乐活动。

（九）舞龙、舞狮

舞龙，又名耍龙灯、龙灯舞，是汉民族传统的舞蹈形式之一。每逢喜庆节日，各地都有舞龙的习俗。舞龙起源于汉代，最初是作为祭祀祖先、祈求甘雨的一种仪式，后来逐渐成为一种文娱活动。到了唐宋时期，舞龙已是逢年过节时常见的娱乐活动形式。关于舞龙的来历，民间有这样一个传说：一天，龙王腰痛难忍，龙宫中的所有药物都吃了，仍不见效，他只好变成老头来到人间求医。大夫摸脉后甚觉奇异，问道："你不是人吧？"龙王看瞒不过去，只好说出实情。于是大夫让他变回原形，从他腰间的鳞甲中捉出一条蜈蚣。经过拔毒、敷药，龙王完全康复了。为了答谢治疗之恩，龙王对大夫说："只要照我的样子扎龙舞耍，就能风调雨顺、五谷丰登。"这件事传出后，每逢干旱，人们便舞龙祈雨，并形成了春舞青龙、夏舞赤龙、秋舞白龙、冬舞黑龙的规矩。

舞狮，也叫耍狮子、狮子舞，它与舞龙一样，是我国的传统舞蹈形式，也是一种很流行的民间体育活动。人们常在春节或庆典活动时舞狮。在我国，舞狮的形式多种多样。山东地区的舞狮，其外形与真狮很像，舞狮者只露双脚，不见其人。山东舞狮有雌、雄之分，还有文狮、武狮、成狮、崽狮之分。

人们为什么特别喜欢在春节时舞狮呢？相传明代初年，广东佛山出现一头怪兽，每逢新旧岁之交，便出来伤害人畜，百姓叫苦连天。后来，有人建议用狮舞来吓唬怪兽，果然奏效，那怪兽逃之夭夭。当地百姓认为狮子有驱邪镇妖之功，所以每逢春节便敲锣打鼓，舞狮拜年，以消灾除害、预报吉祥。

三、春节食俗

在古代的农业社会里，大约自腊月初八以后，家庭主妇们就要忙着张罗过年的食品了。

年糕，谐音"年高"，再加上有变化多样的口味，几乎成了家家必备的应景食品。年糕的式样有方块状的黄、白年糕，象征着黄金、白银，寄寓新年发财的意思。年糕的口味因地域而异，北京人喜食江米或黄米制成的红枣年糕、百果年糕和白年糕。河北人则喜欢在年糕中加入大枣、小红豆及绿豆等一起蒸食。山西北部与内蒙古等地，过年时习惯吃黄米粉油炸年糕，有的还包上豆沙、枣泥等馅。山东人则用黄米、红枣蒸年糕。

北方年夜饭有吃饺子的传统，但各地吃饺子的习俗有所不同，有的地方除夕夜吃饺子，有的地方初一吃饺子，一些地区还有初一到初五每天早上吃饺子的习俗。

按照我国古代的计时法，晚上 11 时到第二天凌晨 1 时为子时。“交子”即新年与旧年相交的时刻。饺子意为更岁交子。另外，饺子形状像元宝，包饺子意味着包住福运，吃饺子象征生活富裕。

饺子的做法是先和面做成饺子皮，再用皮包上馅，馅的内容五花八门，各种肉、蛋、海鲜、时令蔬菜等都可入馅。正统的饺子吃法，是清水煮熟，捞起后调以醋、蒜末、香油、酱油蘸着吃。也有炸饺子、烙饺子（锅贴）等吃法。因为和面的“和”字和“合”字谐音，饺子的“饺”字和“交”字谐音，“合”和“交”又有相聚之意，所以用饺子象征团聚合欢。一家老小聚在一起包饺子，话新春，其乐融融。

元宵节亦称为“上元节”。传说嫦娥奔月后，羿思念成疾。正月十四夜忽有童子求见，自称为嫦娥之使，说：“夫人知君怀思，无从得降，明日乃月圆之候，君宜用米粉作丸，团团如月，置室西北方，叫夫人之名，三夕可降而。”羿如法而行，嫦娥果然降临。可见元宵节吃元宵，是取“团团如月”的吉祥之意。

明代时，元宵在北京已很常见，做法也与今天无异。传说民国初年还有袁世凯因元宵与“袁消”谐音而下令禁喊元宵之事。元宵可以用江米面、高粱面、黄米面等制成，馅则有桂花白糖、山楂白糖、什锦、豆沙、枣泥等。形制上，或大若核桃，也有小如黄豆的“百子汤圆”。

头脑风暴

1. 谈一谈各自家乡婚礼的流程，并且思考一下东西方婚礼有什么不同，你更容易接受哪一种。

2. 请找出一个你认为非常重要的交际礼俗，说出你认为它重要的原因。如果这些交际礼俗全部废除，你认为社会会变成什么样？

3. 说一说你的家乡的信仰与禁忌。你认为你的家乡的风俗习惯科学吗？应不应该遵守？为什么？

4. 你的家乡在过年时有哪些习俗？为什么这些习俗会延续下来？

参考文献

1. 王勇，王全成. 齐鲁文化［M］. 北京：时事出版社，2007.

2. 王志民. 齐鲁文化概说［M］. 济南：山东文艺出版社，2004.

3. 冯天瑜. 中华文化史 [M]. 上海：上海人民出版社，1990.

4. 杨金秀. 齐鲁文化 [M]. 长春：吉林出版集团有限责任公司，2010.

5. 王蕊. 齐鲁家族聚落与文化变迁 [M]. 济南：齐鲁书社，2008.

6. 高广仁，邵望平. 海岱文化与齐鲁文明 [M]. 南京：江苏教育出版社，2005.

7. 逄振镐. 齐鲁文化研究 [M]. 济南：齐鲁书社，2010.

8. 邵文臣，王芬. 齐鲁文明初曙 [M]. 济南：山东文艺出版社，2004.

9. 崔学明. 牟氏庄园真实写真 [M]. 北京：新华出版社，2001.

10. 何龄修. 封建贵族大地主的典型——孔府研究 [M]. 北京：中国社会科学出版社，1982.